JN411587

# 꽃들은 묻지 않는다

김귀례 시집

시와사람

꽃들은 묻지 않는다

2023년 12월 15일 인쇄
2023년 12월 20일 발행

지은이 김귀례

펴낸이 강경호 편집장 강나루 디자인 정찬애
펴낸곳 도서출판 시와사람
등록 1994년 6월 10일 제 05-01-0155호
주소 광주시 동구 양림로119번길 21-1(학동)
전화 (062)224-5319 E-mail jcapoet@hanmail.net

ISBN 978-89-5665-709-7 03810

값 12,000원


*이 책은 광주문화재단 예술육성지원사업에서 제작비를 지원받았습니다.

이 도서의 국립중앙도서관 출판예정도서목록(CIP)은
서지정보유통지원시스템 홈페이지(http://seoji.nl.go.kr)와
국가자료종합목록 구축시스템(http://kolis-net.nl.go.kr)에서
이용하실 수 있습니다.

꽃들은 묻지 않는다

## ■ 시인의 말

자애와 진실
연대와 화해와 희망
이런 말들의 언저리를 서성였습니다
기도와 가난한 밥상 사이에서
무엇을 우선할 것인지 흔들리면서도
돌덩이 같은 마음만은 내려놓고 싶었습니다
시를 찾아가는 그 길 위에서
고통도 기쁨도 함께하고 싶었습니다

이제
바다도 골목길도
부활하리라는 꿈을 꿉니다

2023년 12월
김귀례

꽃들은 묻지 않는다 / 차례



## 제1부 산수유에게 말 걸기

## 제2부　두루말이 화장지를 위하여

## 제3부 한수제 배롱나무 앞에서

## 제4부 볼레로와 골덴바지

작품론

# 제1부

# 산수유에게 말 걸기

# 산수유에게 말 걸기

손 잡아주기조차 미안해서
말 걸기조차 망설여져서
상위마을 하위마을 할 것 없이
긴급 구조 깃발을 샛노랗게 펄럭인단 말이지

폭풍 속 뗏목처럼
신음하고 표류하는 애비 가슴에
해열제로도 식힐 수 없이 들끓는 어미 마음에
산동마을 그 멀리서라도
절망 대신 봄날을 살려주고 싶단 말이지

유채꽃밭 가던 길
움직이지 말라는 얘기만 믿고
순진하게 따라하던 가지런한 눈망울들이
잠들지 못하고 눈 부릅뜨며 진혼하는
노란 굿판을 벌인단 말이지

추모의 펼침막마저 가위질하며
진실을 저울질하는 이들의 뒷짐 진 침묵과
간직해야 할 마음의 습지가 사라지는 것을

더는 볼 수 없어
충혈된 눈물을 방울방울 매달았단 말이지

세상에서 가장 긴 수학여행을 마치고
돌아올 자식을 끝내 기다리느라
어둠 속을 살아가는 엄마 아빠를 수혈하며
꺼지지 않는 등불이 되어준단 말이지.

# 당신에게

당신의 이름을 씁니다
정의의 반대 칸에

그날
장검으로 찌른 건 민주주의였고
곤봉으로 내리친 건 자유와 평화였습니다

빨리 셔터 문 내리고 제복 입고 퇴근하세요 학생처럼 보이면 끌려가니까 절대 손에 책 들고 다니지 마세요 곤봉에 맞아 버스로 끌려가는 시민들을 차마 볼 수 없다는 전남신협연합회의 전언은 부들부들 떨고 있었습니다

그 후 우리의 일터는 도청 앞 분수대였습니다 전일빌딩을 맴돌던 총성과 유탄은 무섭지 않았습니다 매일 치약과 랩을 도시락처럼 챙겨 최루탄을 이겨야 했습니다 분수대로 가다 금남로 5가에서 만난 그를 잊지 못합니다 이유도 모른 채 죽어 태극기에 덮여 리어카에 실려가던 상처투성이 발을

눈물조차 말라버린 상무관. 만사지와 상여소리는 음료수병의 꽃 한 송이로 대신하고 즐비한 관 앞에서 말을 잃어버린 시간들의 무게는 저울질을 할 수 없었습니다 그런데 그들의 억울한 죽음이 그나마 행운이라는 역설이 더 슬픕니다 그날 이후 돌아오지 않는 찾지 못한 이들이 아직도 남아 있기 때문입니다

부처님 탄생한 날에
도청 앞으로 돌진하던 장갑차를 향해
정조준한 총구는 목과 날개를 부러뜨렸습니다
숨쉬기도 미안한 오열하는 오월이었습니다

그날 국가는 우리가 적이었습니다
그날의 하늘은 오늘과 다르지 않습니다
아직도 애도되지 않은 슬픔 외에
정조준 해야 할 무엇이 남아 있는지 묻습니다

스스로를 유배시키며 태풍에서 벗어나지 못해
자기 바다에 정박하지 못하는
당신에게.

# 오독

단 한 번도 묻지 않았지

빗소리만 들리면 가슴이 콩닥콩닥
짝짓기만을 위해 땅 위로 기어 올라온다고
그래서 너희들의 귀향 따위는 터무니없다고 예단했지
포식자 같은 땡볕에 의한 헛된 죽음일 뿐이라고

너와의 첫 만남은 삼십 년 전
시골학교 시멘트 계단의 널부러진 죽음이었지
예초기가 지나간 풀밭 같이 피멍이 들었었지
오늘 공원 산책로에서의 해후는 피난행렬 같았어
매미의 떼 창에 빠져 그때처럼 또 밟을 뻔했지

마르고 구부정한 노인의 꼬챙이가
동백나무 숲으로 조심스럽게 너를 옮기는 걸 보았어
눈물이 핑 돌았어 성호경을 그었어
노인은 공원을 한 바퀴 돌며 너희 모두를 구한 후
가까운 나무들에게 기도를 부탁했지
나는 그동안 공원을 네 바퀴 돌았어

흙을 먹고 토하고 헤집어야 하는 슬픈 사랑과
비온 뒤 목숨을 건 오체투지를 손가락질 했지
걱정 없이 체온이 유지되는 땅 속을 버린 채
불볕을 포복하는 너의 절박함을 수박 겉핥기 했지

작은 흙 알갱이들과 손잡고
네가 만든 떼알구조 덕분으로
식탁이 채워지는 것을 잊는 것처럼
열탕과 혹한 속 외국인 노동자들의 비닐집이
태풍으로 무너지는 그 참담한 소식은
여우비처럼 태풍과 함께 바로 소멸되었지
그들이 기른 채소와 쌀이 저녁 밥상을 차렸어

이제는 네가 정독되어야 할 시간이야
밟으면 꿈틀거리는 것들과 함께.

# 매일 김용균이 있었다*

그날
신문의 1면에는**
또 다른 김용균 1,200명을
위패처럼 나란히 세워놓았다

활자처럼 살아난 이들이 무언의 말을 하고 있다
입사 3일 만에
명복을 누리려고 일한 것이 아니었노라고

"한 달에 이틀 쉬고. 급여는 150만원보다 조금 높아. 6개월에서 1년 정도 부사수 하다가 사수 달면 300만원부터 시작한대"

자신의 나라에서 몽골 군대처럼 취급당하는
그들을 공격하는 현대판 산재는
팔만대장경도 막아내지 못했다

같은 일 하는 사람들
같은 방식으로 죽고 있지만

가난이 집요하게 죽음으로 대물림되는
대한민국의 킬링필드

베테랑 선원의 몸이
어선원들의 산재 박물관이 되어가는 지금

오늘도
3명이 퇴근하지 못했다.

*경향신문 기사 제목. 제22회 국제 엠네스티 언론상 수상.

**2019년 11월 21일 〈경향신문〉. 2018년 1월 1일부터 2019년 9월 30일까지 일하다 목숨을 잃은 노동자 중 ▲떨어짐 ▲끼임 ▲깔림 ▲무너짐 ▲물체에 맞음 등의 사고를 당한 1,200명의 이름으로 1면을 가득 채움.

# 입동 경고는 봄부터 시작되었다

우리가 꽃 봄의 크루즈에 취하고
손익분기점을 계산하는 사이
만주벌판을 떠돌던 동포들처럼
보따리 쌌다 풀었다를 반복한다

태어난 고국에 대한 사무침 떼어놓고
단잠과 단꿈을 향해
등대 없이 항해를 감행한 그들에게
우리는 왜놈 순사였다
횡포를 휘두르는 만주국 지주였다
갈대 늪처럼 황량한 벌판인 조국에서
그들의 이름은 까레이스키였다

갈대배처럼 떠돌이가 되었어도
모든 희망이던 어린 자식들이
엄마의 나랏말을 몰라서
"불이야" 고국어로 수없이 외쳤을 절규는
화마 속에서 녹아내리고 질식사했다

생의 입춘 시작되기도 전에

때 아닌 폭설을 맞은 후에도
초미세먼지처럼 채찍 맞으며
하루 빨리 사라져야 했다

멱살 잡힌 바람처럼 떠돌던 그들에게
여명의 불씨가
살아있기나 한 것일까

연해주가 되어버린 엄마의 나라에서
또 다른 까레이스키가
아픈 밤이다.

*2018.11.7. 화재로 죽은 고려인 아이들 영전에 바칩니다

# 원시림에서 걸어나온 그녀

말을 버리고 표정도 감춘 채
그녀만의 원시림으로 떠났다네

숲은 어둡고 밝고 따뜻하고 차갑고
고요하고 신비롭고 활기와 무기력이 교차하는
낯설음의 시작이었네

힘이 센 침묵을 몸으로 살아내며
종일토록 질문하며 물음표와 잠들었네
백만 년 동안 말하지 않은 것들과 마주했네
아름드리 너도밤나무가 그녀를 끌어안았네
무너졌던 탄성의 허리 스스로 곧추세우고
요동치는 꽃대를 달랠 줄 알게 된 선물이라네

자신과 화해하며 천천히 걸어 나온 그녀는*
모든 출구는 새로운 입구임을 증명했네
그녀가 우리를 다시 찾은 날
우리가 그녀를 되찾기 위해
첫눈카페**로 향하며 기쁨을 파종한 날
개망초들의 합창 밤새 울려 퍼졌네

금계화와 흰나비의 춤사위도 별빛 속에 쏟아졌네

달이 되어 돌아온 그녀는
달맞이꽃 된 우리의
눈빛을 하나하나 얼싸 안았네.

*쓰러졌다가 다시 일어선 문우.
**일주일에 한 번 시를 공부하는 카페.

# 난민

죽은 비둘기 주변에서
비둘기 떼 구구구구
장례 절차를 의논한다
유안공원 가는 아파트 뒷길
회양목에 몸을 미처 숨기지 못한
길고양이 눈빛이 매섭다

남녀 어르신 두 분
가던 길 멈추고 상주가 되어
평장으로 애도한다
어쩌면 그간 마음에서 키워온
구렁을 덮어가는 일일까
그 곁에서 나도 구렁 하나 메우러
기도 손을 한다

이 도시의 상징 새가 비둘기인데
비둘기에게 먹이 주지 마세요
공원 정자 앞에 펄럭이는 펼침막 아래 잔디밭엔
급식소인 듯 모여든 비둘기 오늘도 빈 땅을 쪼고 있다

횡단보도엔 배설물을 도구 삼아
전선줄에서 구족화가가 되어 그림을 그리는
참새들의 수채화가 전시되기도 전에 짓밟힌다

너무 많아서 죄가 되는 것은
비둘기와 참새만의 일은 아니다.

## 해가 지지 않는 배달의 나라

그에게 일몰은 없었다

열심히 일한 댓가로
추석 직전 사과상자 대신
자신의 죽음을 배달했다

우리의 배송 천국은
마우스 클릭 한 번으로 세워지고
총알배송 당일배송 명절배송은
그에게 배송 지옥을 선물했다

쓱세권이 시작한 새벽배송과
정기배송 건강한 한 끼 배송
새롯배송 로켓배송 야간배송까지
우리에겐 편안함의 해가 지지 않았고
그에겐 고단함의 해가 지지 않았다

치킨과 과일과 패션상품 배달을 넘어
하루치의 감동은 배달 받은 즉시 소비되고
때론 불면과 불안과 악당을 주문하고

배달 받을지도 모를 일이다

배달 죽음이 청년 산재 1위의
배달 공화국에서
선택적 공정과 정의를 주문하면서

그들 뒤에 슬쩍 잠복한 우리가
오늘도 일출을 조정하고 있는지도 모를 일이다.

- 아산우체국 고 박인규 집배원과
  배달 죽음을 당하신 분의 영전에 바칩니다.

# 엉겅퀴*

서툰 한국말로 “불이야 불이야”
불길처럼 가스배관을 타고 올라
십여 명의 사람을 살려 내었다

불법체류자로 내쳐진 너는
치료도 거부한 채 달아나
변두리 공사장을 떠돌며
불안 속에 지내야 했다

엉겅퀴의 가시가
스코틀랜드를 구한 적이 있었다

낯선 너의 이름을
엉겅퀴라 불러주고 싶었다

카자흐스탄에서 날아온 붉은 새 한 마리
알리**
너의 국적은 사랑이다.

*엉겅퀴 가시에 찔린 척후병의 비명 덕분에, 열세에 몰린 스코틀랜드가 전쟁에서 승리를 했고, 그 공로로 엉겅퀴는 스코틀랜드의 국화로 지정됨.

**알리: 2020년 3월, 강원도 양양군의 원룸에 화재 때 2층으로 뛰어올라가 생명을 구한, 카자흐스탄 출신 근로자 알리(28)氏. 'LG 의인상'을 받음.

# 이동권은 아줌마의 이름이 아니다

경찰과 실랑이하다 넘어진 장애인에게
쇼하지 말고 빨리 일어나라며
이십 년을 갇혀 산 여자에게
이십 분을 지각한 여자가 욕설로 끌어 당긴다

어깨와 팔의 힘만으로
마비된 하반신을 힘껏 끌어당기면서
성난 시민들의 발아래를 기어가는 이들에게

병신이 벼슬이냐?
비대칭의 몸 위로 채찍 같은 모욕이 쏟아진다

권리와 민폐 사이에서
장대비 같은 비난과,
사랑을 점화시키는 응원이
지하철 역사에 폭설처럼 몰아친다

멸종위기종이 되어가는 연민과 자비는
지하철의 속도보다 빠르게 빛을 잃어가고
함께라는 길은 소실점처럼 아득하기만 한데.

이동권*이 국어사전에 신조어로 등록 되었어도
봄은 아직 도착한다는 소식이 없다

엄마 손을 잡고 가는 꼬마가 묻는다
아줌마 이름이 *이동권이에요?

*장애인 이동권 : 2003년에 국어사전에 등록
2005년에 교통약자법 만들어 짐. 법은 있고 정책은 없음.

# 꽃들은 묻지 않는다

봄빛 닮은 수다가
수학여행 날 아침처럼
골목길에 화사하다

보도블록 사이에서 피어나도
무등산 깃대봉 가는 길에서 짓밟혀도
가시 찔린 바람을 꽃잎으로 하나하나 감싸줄 때도

용산 터널 입구 담벼락에 높이 올라
독거노인처럼 간신히 엎드려 있어도

어느 학교엘 다니는지
아빠가 누구인지
북쪽에서 왔는지
나뭇잎배를 타고 왔는지
결코 묻지 않는다

투신한 오월을 닮은 찔레꽃에 대해서도
흰쌀밥을 천지사방에 퍼 나르는
이팝꽃에 대해서도.

# 그날 그곳의 온도

그는 언제부터 영하를 맴돌았을까요
그의 봄은 언제부터 묶여 있었을까요

한여름에도
울울창창은 커녕 수척해진 채
벌목의 위험을 견뎌야 했을까요
비명조차 가둔 채 숨죽여야 했을까요

사랑이 그의 손 잡아준 적 있기나 했을까요
사랑한다는 말에 가슴 뛰었던 적 있었을까요
목련처럼 바람에 꽃잎 떠나보내는
사랑앓이 해본 적 있었을까요

엄마 젖꼭지 한 번도 빨아보지 못했을까요
아빠라 부르는 소리 들어본 적 너무 오래일까요
누구에게도 발설할 수 없는 마음을
스스로 지워야하는 생이었을까요

일간지 한쪽 귀퉁이에 짤막하게 적힌
그의 이름은 무연고 사망자*.

*2021년 무연고 사망자 3,159명 *2021년 코로나 사망자 5,563명

# 다음에

여럿이서 함께 생태탕을 시켜놓았는데
생태전골을 먹자던 논노에게
신부님은 '다음에'라고 말했다

전투경찰로 생활하다 사고를 당한 논노가
미사 때 독서를 하고 싶다고 했을 때
신부님은 '다음에'라고 말했다

논노의 어머니가 다시
논노에게 독서를 하게 해달라고
부탁을 했을 때도
신부님은 '다음에'라고 말했다

얼마 후
교통사고를 당한 논노는 병실에서
갈릴래아*가 어디에 있느냐고
신부님께 몇 번을 간절하게 물었다

곁에 있었지만
그의 어눌한 발음과

절룩거리는 걸음밖에 보지 못했던 신부님은
예수가 된 논노의 질문을
그가 떠난 뒤에야 알아들었노라고

사랑은 '다음에'가 없다는 것을
그가 가르치고 떠났노라고.

*갈릴래아: 예수님이 오병이어의 기적을 행하신 곳으로 예수님이 부활하여 나타나신 곳. 예루살렘과 대비되는 변방으로 힘없고 무시당하는 곳으로 상징된다.

# 울컥

기저질환을 자랑거리로 착각했습니다
부끄러운 분칠이 오래되니 연민이 너덜거리기 시작합니다

매일 밤 9시 남북화해와 평화통일 기원기도 올려도
비오는 날 앞집 탈북민에게 따뜻한 부침개 한 접시가
마음 문 두드리지 못했다면
명절 전날 앞집에서 건넨 감자만두가
우리 집 안부를 묻지 않았다면
우리들 그림은 추상화일 뿐입니다

수국은 왜 꽃 색깔이 변하냐구요 수국이니까요
해바라기는 키도 꽃도 크냐구요 해바라기니까요
꽃잔디는 땅바닥에 붙어 피냐구요 꽃잔디니까요
탈북민 새터민 대신 이렇게 부르면 안 될까요
광주사람 개성사람 청진사람 서울사람 북청사람

남북이 서로에게 따뜻한 집으로 피어나는 것을
희망으로 정하면 어떨까요
사람과 사람이 손잡고서 연민의 길을 펼쳐 언제라도
아궁이처럼 따뜻한 울컥이 많아지면 좋겠어요

우리의 통일은 진짜로 빨강색을 싫어할까요
명옥헌의 백일홍과 순희농장의 넝쿨장미에게 미안해요

인디언식이라도 좋으니 그날이 올 때까지
비는 내리고야 말 기우제를 지내야겠어요.

# 저기압

내가 슬로우시티에서
짱뚱어다리를 걷고 있을 때
삼겹살이 나를 굽고 있을 때
따끈한 카페라떼가 나를 마실 때
태평염전이 일몰에 취해 있을 때

한국 국적인 당신은
새터민 탈북민 북한이탈주민 외국인
이름 부자인데
외국인 꼴찌 노동자로도 일할 수 없게
어린 자식은 울어대고

저기압인 당신에게 내린 비바람은
당신을 방안에 가두고
너울성 파도는 밥상을 휘몰아친다
고기압으로 살아본 적 없는 당신이
달그림자 주변을 서성이는 동안
우리는 당신의 희망을 절망시켰다

굶주림에서 깨어나지 못한 당신
두 달이 넘도록 방문 한 번
두드리는 사람이 없었다
그 후에도 끝내
당신의 외로움에 대한 부검은 없었다
우리의 무관심에 대한 부검도 없었다

탈남민에 대한 질문만을 남겼다.

- 탈북민 한성옥 모자의 영전에 바칩니다

# 바람에게 붙잡힌 바람

제주 바람을 만나러가다
바람에게 붙잡힌 바람은
노란 깃발만 흔들고 있다

졸업을 함께 하고 싶습니다
인양해주세요
고창석 선생님 빨리 오세요
영민아 보고 싶어 어서 오렴

하늘 향한 기지국이 없는 그곳에선
간절함마저 박제된 채
돌아오지 않은 메아리가 된다

모여든 깃발들이 울부짖는 팽목항 성당 앞

세상 밖으로 철거당한 이들을 위해
무릎 꿇는 사람 끊이지 않는다

살고 싶습니다 사랑합니다를
수없이 외쳤을 피 끓는 청춘들의 노래는

천 개의 바람이 되어
갈바리아산을 오르고 있다

깃발은 아우성이 되어 십자가형을 견디고 있다.

# 내가 라면을 먹을 때*

나이지리아 청년 난민 한 명의 추방을 막기 위해
네덜란드 헤이그의 교회에서는
구백 시간 릴레이 예배가 이어지고

스웨덴 열여섯 살 소녀 그레타 툰베리는
탄소 배출 감축을 위해 항공기 대신
보름 동안 요트를 타고 대서양을 횡단한 후
유엔 기후행동 정상회의에서 연설을 하고

김 기자는
빈곤과 폭력을 피해 미국으로 이주하려는
중남미 불법 이주민 '캐러밴 모녀'가
최루탄을 피해 달아나는 사진을 찍고

자신의 아파트로 착각해
흑인 남성을 총기로 살해한
미국 백인 여성 경찰에게 10년이 선고된 직후
피해자의 형제가 가해자에게 허그를 하고

대한민국의 ‘청소년 기후행동’이
결석 시위를 벌이면서 청와대를 향해가며
세상에 어떻게 그럴 수가 있는가**를 묻는다

지구 파괴 알리바이는 이미 차고 넘친다고
대멸종의 경고가 이미 시작되었다고
경제성장의 신화를 정지시키라고.

*하세가와 요시후미 그림책 제목
**그레타 툰베리의 연설 문장 : 세상에 어떻게 그럴 수가 있는가 (How Dare I)

# 미럭곰차두* 2

막심 고리끼의 어머니처럼 엄마를 바빠지게 만든 곰탱이
대통령한테 만나자고 해놓고 먼저 저 세상으로 도망간
곰탱이
죽어서 신문 방송에 이름을 올린 곰탱이

일하는 곳이 지옥일 수 있음을 보여준 곰탱이
벨트와 롤러 사이에 끼어 희한하게 숨진 곰탱이
위험의 외주화가 무엇인지 공부하게 만든 곰탱이
한 해 이 천 명이 죽는 산재 사망국에 태어난 곰탱이
가난한 부모 밑에서 열심히 일 한 죄밖에 없는 곰탱이

'천 개의 바람이 되어 곁에 머물겠다'는
엄마의 카톡 프로필을 만들게 한 곰탱이
최선을 다한 후 당당하게 월급을 받아라
귀에 못이 박히도록 말한 엄마를 후회하게 만든 곰탱이

컨베이어 벨트에서 감히 새벽별을 꿈꾼 곰탱이

김용균법을 만들게 하였지만
김용균이 그 법에서 빠지게 한 곰탱이

진짜 곰탱이들이 아직은 그득한 세상을 향해
죽어서도 죽지 못하는 미력곰차두.

*미련하고 우직한 사람을 칭하는 전라도 말.

# 불쏘시개

예순여섯 날 몰아친
가학의 질주와 손가락질

비난의 광풍 물리치고
마지막 잎새처럼 남았네요

마른 나뭇가지인 그대를
검불로 만들어 날려버리려는 바람에도

빨려들지 않고 끝까지 견디며
불쏘시개 되어 떠났네요

사랑은 아픈 거니까
그대의 나라에선 사랑도 아프고
그대 향한 우리 사랑도 아프고
오늘은 아프고 아픈 날이네요

펑펑 울고 싶은 날이니까
35일간의 사투는 헤밍웨이 바다의
청새치 뼈다귀만을 끌고 돌아온 노인이었으니까

내년 오늘 이 땅은
얼마나 달라져 있을지요

삭정이 되어 밟히면서도 산을 지키겠어요

그대가 불쏘시개 되어 살려놓은 불꽃

잉걸불로만 남지 않고 끝까지 타오르도록
우리가 함께 타오를 테니까.

*조국 법무부장관이 장관직을 사퇴한 날에. 2019년 10월 14일

# 아스퍼거증후군

그날,
우리에겐 국가가 없었습니다

당신들만의 안테나가 따로 있음을 목도합니다

시간이 흐르는 동안
기울어진 공감의 안테나를 바로 세우기 시작하자
역설처럼 적반하장의 일들이 많아졌습니다
분노와 다짐이 지쳐서 잊혀질까 두려웠지만
서로를 살필 줄 알게 되고 마음 써 준 순간들을 느낄 때
미소가 피어납니다
고통이 준 선물입니다

당신들의 거짓은 순금처럼 썩지 않고
오지 않는 계절을 허비합니다
사월이면 간절함이 깊어져 제비꽃처럼
무릎 꿇은 앉은뱅이꽃 피어나는데
흔들리는 장대처럼 막말이 위태롭습니다

아직도 딸을 보내지 못한 아비는 사람이 무서워져서
함께 울어준 철쭉처럼 눈이 충혈된 지 오래입니다
어깨 밑에 다가와 기대어주는 이웃들이 있어
뼈아픔의 시간이 줄어듭니다

길고양이 쉼터를 돌보는
학생들의 이야기가 지상에 오르내릴 때도
당신들에게 거절당한 진실과 함께
당신들의 안녕이 걱정됩니다

사월 십육 일입니다.

# 오토바이

초원 위 질주 본능까지 먹칠하며
손가락질 받아온 무법자

네 등엔 배달 유제품 가득하다

그날 오후
정체 차량 피양시키며
구급차 길 터주느라
30km 지그재그 속도로
차량문 두드리며
길 위에 길을 만들어
호흡 곤란 산모와 신생아를 살려
기적을 출산한다

삶의 미세먼지 사라진 퇴근길
차안에서 지켜보는 가슴에도
풀꽃 같은 뭉클 한 송이씩 살아나
각자의 아토피를 어루만진다

찬바람에 잎새 떨군 느티나무
침묵으로
너의 등 쓰다듬는다

네가
왜 빨리 달려야만 하는지 묻지 않았지
너에게서도
따뜻한 별들이 자라는 걸 이제야 알았지.

# 폭설

선물하고 싶은 것이다

평생 한계령에 갇혀 사는 수저들과
폭설의 한계령을 거부할 수 없는 수저들이
한 사나흘쯤 쉬어가라는 것이다

봄의 언저리를 기웃거리는 이에게도
성난 2월의 나뭇가지들 위에도
쌓이고 싶은 것이다
폐지 줍는 손수레 위에도
꼭두새벽에 일어나는 하루살이들에게도

을과 병으로 살아가는
사축*들의 어깨 위에도
동상에 걸린 발이 따뜻해질 수 있음을
보여주고 싶은 것이다

사축들을 짐승처럼 부리는 채찍들에게도
하얗게 가장한 것들 내려놓으라는 것이다
갑옷을 벗으라는 것이다

폭설 속에서도
축복처럼
고향집으로 가는 길
보여주고 싶은 것이다

한번쯤은 갇혀 보라는 것이다

*사축 : 회사와 가축을 합쳐 만든 신조어. 회사의 가축이나 다름없는 처지가 된 불쌍한 직장인들을 칭함.

## 역전 국밥

새벽바람을 이고
남광주역에서 하차하는 푸성귀들을 위해
언 손 녹여 주는 골목이 있지

순대국밥처럼 위로받는
노점 좌판대 같은 사람들

가로등 없는 고샅길에서 만난 첫눈 같은 이들이
내장이 되고
순대가 되고
살코기 몇 점 되어주며
마주 앉은 자리

섞어국밥 같은 사람들이 있지

꽃인 줄 모르면서
들꽃이 되는 사람들

혼자서 밤길 걷는 이에게
향기의 꽃등 밝혀놓고
투박한 노래 불러주는 이들 있지.

# 쌍둥이의 이름은

세르비아 국경 검문소의 등 뒤에서 웅크린 걸음을 멈춘다 속내를 알 수 없는 국경검문소의 무심한 얼굴 앞에서 국경 통과 심사를 받는 동안 고물 승용차에서 내려진 이불 보따리 프라이팬 밀가루가 두 팔을 든 채 바닥에 엎드려 줄을 서기 시작한다

두려움과 긴장으로 두 눈이 커져있는 아기엄마는 지중해에서 잠든 남편의 목소리를 떠올려 본다

자비와 평화가 불임인 시대에 태어난 쌍둥이의 이름은 난민.

## 골목길이 부활할 수 있을까

무서워지기 시작했어
좁은 길만 지나도 신음 소리가 들리는 듯해
누군가는 시월을 잊혀진 계절이라 노래했지만
잊혀지지 않고 떠날 줄 모르는 시월만을 살아내야 해
엄마에겐 봄이 와도 벚꽃도 산수유도 피어나지 않아

아빠는 살아남은 너희들에게 노는 것이 죄라고
삐뚤어진 경전을 가르쳐야 할까
골목길의 경전은 결코 바꿀 필요가 없다고
돌멩이처럼 무거워져야 할까

녹사평역광장 분향소에 영정과 위패가 놓인다
국화꽃을 손에 든 유족들은 눈물을 참지 못하고
서로를 꼬옥 부둥켜 안는다

아이들의 흔적과 빈자리가 아픈 엄마는
하루 종일 분향소에 나와 자리를 지킨다

마침표 없는 슬픔을 견디며 묵언 수행하는
전 국민이 상주인 나라에서

사람이 가슴에서 사라진 이들만이
우이독경으로 고개 쳐들고 살아가는데

사계절을 수백 번 필사하면
봄이 돌아올 수 있을까
골목길이 웃으며 부활할 수 있을까

보통 사람들의 모든 순간이었던
호기심과 설렘의 따뜻한 보물찾기 같았던
별도 달도 따 담을 수 있었던 골목길이

# 제2부

# 두루말이 화장지를 위하여

# 아다지오 미소

그 대학의 입학원서엔 학력란이 없어요
일생을 압축한 한 장의 미소 띤 사진이 필요해요

그 한 장의 사진을 위해 다소곳이 두 손을 모은 채
사진을 찍어요
찍어도 찍어도 환한 미소가 나오지 않아요

에스프레소처럼 고압 고온으로
방부처리 된
쓰디쓴 시간들만 떠올라요

떠나지 못한 기억들이
아련한 수채화로 되새김질하고 있어요

미소를 짓고 싶어요

소나기 지난 후 하이얀 새털구름 같이 떠나고 싶어요
마음 따뜻한 이와 손잡고 눈 마주치고 싶어요
코스모스 길을 하늘하늘 걸으며 미소 짓고 싶어요

신이여, 제발 제 미소를 돌려주세요.

# 두루말이 화장지를 위하여

제비꽃과 라일락 민들레 철쭉 같은 꽃들의 향기를 닦는 일이라면 얼마나 좋겠느냐만, 장삼이사의 죽음을 애도하는 뒤치다꺼리를 위해 오늘도 말없이 바쁜 걸음이다

수장水葬과 쓰레기통속 죽음이 네 존재의 이유라니
뜯길 때마다 하루에도 몇 번씩 내팽개쳐지지만, 누구에게 한 번의 하늘 길 노래인 연도煉禱도 위로도 받지 못한다 때로는 화풀이의 대상이 되어 통째로 날아다니기도 하지

침대에 오르내리기 힘들어 거실이 잠자리가 된 아흔 넘은 엄마의 잃어버린 기억이 돌아올 수 없듯이, 너 또한 평생을 잘려나가기만 하는데 미안한 나는 늘 한 칸을 덜 뜯는다 오월을 건너간 누이가 느껴져서

먼 훗날
산이 된 네 품 안에 갈참나무인 내가 안겨 있을지도
산새가 된 네가 내 어깨에서 푸드덕 날아오를지도
연인이 되어 메타세콰이어 길을 함께 걷고 있을지도

# 미얀마 양곤항에서

양곤강과 바다가 만나는 그곳에
상의 하나도 걸치지 않은
짐꾼들이 소금 가마니를 나른다

강제 노역하는 일꾼들처럼
짐꾼들이 나르는 소금 가마니가
젓가락으로 땅바닥에 계산된다

의자에 앉아 마름 행세하는
남자의 눈빛조차 가난하다

학교에 있어야 할 예닐곱 살 꼬마들이
물새 먹이와 자신이 그린 그림을 판다

물새 먹이 1달러에 아이의
착한 눈이 함박웃음을 날린다

남자아이 그림을 사서 사인을 받는다

밤새 잘 팔리기를 소망하며 그렸을
어색하고 두근거리는 미소와 손잡는다

갑자기 나의 몸무게가 부끄러워진다
물새 먹이를 주는 내 손마저 아프다

비포장으로 푸석푸석 날리는 먼지보다
누군가에게 보내는 그들의
미소가 가난도 잊게 한다

날마다 파고다에 꽃을 바치고 기도하는 그들에게
순수와 문명이 함께 순항하기를 기도한다.

# 영혼의 건축가

네가 오지 않는 날은 없다
아침이 오지 않는 밤이 없듯

너는 내게로 온다
관성으로도 오고 가속이 붙는 속도로도 오고
저항하는 깊은 분노로도 오고
블랙리스트의 명단으로도 오고
콘크리트 굳어진 벽으로도 온다

길 아닌 길에서도 너는 온다
집 떠난 자식 걱정하는 엄마의 한숨으로도 오고
문 앞에 쪼그려 앉고 드러눕기도 하는 개처럼 오기도 한다

비 오는 날에 너는
맨몸으로 서 있기도 하고 비옷을 입고 오기도 한다

언제고 너는 나에게 온다
동서남북 어느 방향에서든 너는 온다
과녁을 향해 달려드는 화살처럼 오고
숙성된 직감으로도 오고
발효된 독재료讀材料들이 매콤달콤하게도 온다

때로 너는 눈높이형 일탈을 한다
전자레인지 속 고구마처럼 구수한 향기로도 온다
유치원 생일잔치의 고깔모자로도 오고
지하도 노숙자들의 불안한 이불로도 오고
수레바퀴처럼 기울어진 노인의 저녁밥으로도 온다

이렇게 바람이 불고 차 한 잔 홀로 마시는 날에는
가우디처럼 나를 찾아온다.

# 그 많던 그들은 어디 갔을까

새벽 총소리에 놀란 밍크담요가 벌벌 떨며 방문에 커튼을 쳤어. 아침밥도 거르고 부엌으로 일보러 나갈 때도 등짝에 칼이 꽂힌 써늘함이었지. 한낮이 되어서야 도둑처럼 한 발 한 발 살얼음으로 밖을 훔쳐봤지. 건너편 양동시장 아랫길에 철모에 하얀 띠를 두른 계엄군만이 거리를 노려보고 있었지. 천변 버드나무는 입술이 파란 채 팔이 묶였고 광주천의 물소리조차 숨을 멈추었지

대낮의 고요가 공포요 두려움이란 걸, 움직임 없는 텅 빈 거리의 적막이 죽음보다 무섭다는 걸, 소설이 허구를 뛰어넘어 사실이 된다는 걸, 시민들의 이름이 폭도로 개명되어 대서특필 된다는 걸, 사십 년이 지난 지금도 북한에서 온 광수로 수백 명의 시민이 다시 명예훼손 당하고 있다는 걸, 가해자는 치매 걸린 노인 행세 하며 사자의 명예를 훼손하는 적반하장으로 치외법권에서 살아간다는 걸 알게 되었지

총성을 듣고 뒤숭숭한 어른들 사이에서 "아빠! 군인이 공산당이야?" 묻던 계림동 오거리 슈퍼마켓 일곱 살 아들에게, 계엄군은 시민들이 공산당이야 무언의 답을 했

지. 그 많던 계엄군은 다 어디 갔을까. 그들은 오답을 정답이라고 배우며 명령을 거부하지 못한 피해자요 가해자인데, 이제 당신으로 돌아와 코스프레 마스크를 벗어주시길.

왜곡으로 굳어버린 우상을 깨고 서로 용서하고 용서받는 부드러운 손잡기를 시작하며. 당신 안에서 나를 발견할 수 있기를. 내 안에서 당신이 발견되기를 바랄 뿐이지.

# 우리가 우리에게 회초리를 들면 안 될까요

썰물 같은 사람들만 모여 살까요. 서해 만조 수위 같은 사람들만 고시원에 모여 들까요 조선시대 걸인들의 보금자리였던 청계천이 있는 이곳 종로구에 희망을 걸었던 것일까요

다닥다닥 붙은 방문 닫아 건 칠흑 같은 사람들 한 줌 재를 택했을까요 행운의 숫자 일곱에 희망을 걸었을까요 일곱이서 함께 손잡고 고통의 강 넘으려 했을까요

조개로 바닷물 퍼내는 듯, 외줄타기로 오지탐험가로 살아온 그들 죽음은 9시 뉴스에 잠시 회자되고 말면 그뿐인가요. 그들 앞에 따뜻한 숙면이 부끄러운 불면의 밤은 하루쯤이면 되는 건가요

그들 삶의 고시 목표는 고시원 방세 25만원이 전부였을까요 우리의 고시 목표가 무관심에서 관심이 되면 안 되는 걸까요

정조가 백성을 위해 개발한 더위병 약 '척서단' 대신 집집마다 냉장고에 '고시원' 팻말 붙여두고 가족이 함께 추

위병을 차단하는 약재를 개발하면 안 될까요. 우리 모두가 정조가 되면 안 될까요.

# 시의 눈동자

비밀의 방에 입실했어
어둠이 깃을 치기 시작하는 시간이었지

우리는 시의 눈동자를 만나고 싶어했지

누구는 꽃만이 세상의 멍을 지울 수 있다며
맨드라미와 씨름하다가 달려오고
누구는 노점상 할머니의 추위가 눈에 밟혀
가슴 한 편에 눈발을 대신 싸들고 나타나고
누구는 스승의 봉분 앞에서
양은도시락 추억을 울먹였지

돌아가서
다른 문을 열었어
불빛은 희미했어
불법주차 차량처럼 일상이 견인된 채
그녀는 밥도 국도 덥히지 못하고 저녁을 포기했지
누르지 못한 버튼은
누군가와 함께 가야만 하는 두려움이었던 거야

인생을 스스로 뎁히기 힘든
어두운 거실 속 식어버린 그녀를 위해
별들이 잠들 때에야 저녁밥상을 차렸지

그날 그녀의 눈 속에
젖은 시의 눈동자가 있었어.

# 아직도

오지 않는 사람들은 소금꽃으로 피어난다

하얀 결정으로 부신 사연들이
침몰하거나 수장되거나 부유하다가
이곳
아직도에 도달한다

저녁이 있는 삶이 아니라
저녁만 있는 삶이 모여드는 섬
고통 없는 섬이 존재하지 않듯이
아픔 없는 배는 정박하지 않는 섬
아직도

오십 년이
다시 하얀 기다림으로 부서지고
갈등을 구워야하는 오늘이 닳아가고
박음질 당하는 기다림은 잠을 잊는다

텅 빈 우편함은 먼지바람이 오가고
소금꽃이 된 아들을 기다리는

등 굽은 제주도 할망
밀려오는 파도에 하얗게 부서진다

희망버스는 아직도에 아직 오지 않고
서해 끝
격렬비열도가 울음을 운다.

# 가을에는 영혼을 수선하게 하소서

우체통이 서 있는 수선집 앞에서
엽서 한 장 보냅니다

가을 하늘로 새 한 마리가
내 마음을 물고 날아갑니다

한 평의 적막 위에서 부르는
그리움이 후렴구처럼
덧칠해지는 저녁 무렵입니다

어둑해지는 시간, 당신을 위해
등불을 내다 겁니다

삐걱거리는 관절처럼
전전긍긍의 시간이 지나가고 있습니다

그리움도 수선이 필요한가 봅니다

생의 저물녘에 서서 찢어지고
어긋난 그리움을 시침질합니다

내 영혼은 어디에서 빛나고 있을까요

어둠 속에서 다만 빛을 잃지 않게 하소서

당신을 향해 한발 한발
다가서는 별이 되게 하소서

우체통이 서 있는 성당 앞에서
영혼을 수선하오니

다만 꺼지지 않는 등불이게 하소서.

# 길 위에서 길을 가르치다

서로의 팔 벌려
꽃 터널 만들었구나
좁은 길이라서 손 맞잡았구나
여럿이서 어깨동무 하였구나
함께라서 더 아름답구나

만개 직전의 두근거림
꼭두서니 빛이 부끄러워
연분홍 꽃 각시 같은
설레임으로 마주했구나
만개하지 않아도 대견하구나
단번에 개화하려는 욕구 내려놓고
하나씩 천천히 스스로를 믿고
때맞추며 기다리는 마음이 어여쁘구나

봄길 먼저 열어준 개나리들이
함께 봄을 만들자고 가느다란 팔로
노오랗게 희망을 새기는구나
목포 신항의 세월호에게도 미리
노란 리본 들고 다녀왔다는구나

그 아래 수선화도 함께이구나
자기애의 위험을 스스로가 알고 있다지만
오늘도 샘물에 비친 네 모습에
반할까 걱정이구나

왕인박사 대신
꽃들이 스승이 되어
길 위에서 길을 가르치는
구림마을에서 새봄을 익히는
사월의 첫 날이구나.

# 정전

구제의류 매장 앞에
불 꺼진 노인 앉아 있다

그를 맴돌던 떠돌이별도
은백양나무에 걸린 꽃내음달도
이제 빛을 내지 못한다
맞은편 은혜교회의 찬송가도
종일 쉬지 못한 태양광 가로등도
어둠을 몰아낼 수 없다

빵을 팔지 않는 천냥하우스는
봄밤 내내 안타까움을 닫지 못하고
느티나무의 덧신이 된 꽃잔디는
노숙의 홑이불이라도 되고 싶어
그렁그렁 앳된 가슴만 붉은데

허물어진 연민으로
빛바랜 표지석이 된 노인에게서
아직도 지워지지 않은 구절이 있다
'나는 당신입니다'

오늘도

밤을 켜는 점등인 없는 휘어진 골목이 외롭다.

# 저울 속에 피는 꽃

정원에 핀 꽃만이 꽃이 아니다
하루에 서너 번씩 고물상 저울 속에
숫자로 피어나는 꽃

눈발 흩날리는 새벽 골목길로 출근을 한다
어제 저녁 모아둔 폐지 40kg에
이천 원

가슴에 철심 박은 수술을 한 후에도
칼바람 부는 저녁까지 인사하듯 굽은 허리를 숙인다

암으로 누운 아들을 건사하며 아흔을 향해가는
저울 속에 피는 꽃

오지 않는 계절은 없다며
꽃을 피우기 위해
폐지처럼 버려지며 폐지를 줍는다

어둔 골목 가로등 아래
아들에게 봄 햇살 가득 채워주고 싶은

붉게 녹는
꽃
한 송이.

# 깃발

- 조세희의 영전에 올립니다

낙원구 행복동에도 찢겨진 깃발이 나부꼈지요
팬지꽃 앞에서 줄이 끊어진 기타를 치던 영희의 깃발도

쫓겨난 깃발들은 별처럼 너무 멀리 있어서
천국에 가 닿을 수 없지요
또 다른 영수와 영호가 쉼 없이 태어나고
영희가 팬지꽃 두 송이를 폐수 속으로 던지네요

한 해 수천 사람들이 고독사로 우리 곁을 떠나가고
사십 대 경비노동자가 나흘간 62시간 일하다 숨지고
깃발들이 여기저기서 목련꽃처럼 아우성치는데
영희가 사라진 곳에는 팬지꽃이 깃발이 되어 펄럭이네요

반지하 방에 켜놓은 유일한 빛인 여섯 살 딸을 위해
엄마의 깃발은 코피로 얼룩지는데

『난쏘공』이라는 깃발을 쏘아 올렸으면서도
그 깃발이 하루 빨리 내려지기를 소원했던 당신

언어가 배반당한 시대를 부끄러워하며
펜 대신 카메라를 들고
질주하는 세계가 버리고 간
키 작은 사람들을 프레임에 가득 채웠지요

당신이 그린 세상에서는
비도 사랑으로 내리게 하고
사랑으로 바람을 불러
미나리아재비 꽃줄기에까지 머물게 하고 싶다는**

*조세희 : 『난장이가 쏘아올린 작은 공』의 저자.
2022년 12월 25일 사망.

**작품 속에서 난장이 아들 영수의 입을 빌려 말함.

# 녹내장*나무

일어나자마자
올려다보며 물을 주어야
한나절이 편안하다

내 눈에
칠 년째 뿌리를 내리고 있다

나뭇가지가 침침해지면 촉촉함이 사라진다
충혈의 시간을 견디며
눈가에 잡힌 주름처럼
눈물과 동행해야 한다

마른 논바닥처럼 까끌거릴 때는
눈 마름을 달래려 다시 눈물을 흘린다

침묵의 시력 도둑과 화해하며
안압을 낮추는 춤이라도 추면 좋으련만

고개를 들어 어둠을 깜박거리며
깊이 뿌리를 내린 녹내장나무에

오늘 밤도 별 하나를 매달았다

그의 명령은 단호하다
하루 여섯 번 하늘 보며 눈물 흘리기다
잎은 마른 채 무채색처럼 감정이 없어
잊어버리기가 일쑤다

숙인 채 살아왔으니
고개를 들어보라는 듯이
하늘을 올려다보라는 듯이

만인에서 만물로 시선을 돌려보라는 듯이.

*안과 질환 중의 하나.

## 상처 난 사과에는 아버지가 살아요

두 달째 사과를 사와요
상처 난 사과만 사와요
이유를 묻는 어머니에게 대답하지 않아요

사과 파는 할머니에게서 아버지를 만나요
상처 난 사과에는 아버지가 살아요
팔지 못한 사과 밥 대신 쌀밥을 달라고 떼를 썼던
어린 시절이 불쑥 가로등처럼 켜져요

상처 난 사과가 아버지의 저녁밥이에요
시장 골목 구석에서 사과 파는 할머니도
손녀에게 사과 밥을 저녁으로 줄까봐 걱정이에요

계절은 폭우와 태풍에 저당 잡혀 있어도
가슴 졸인 사과가 익어가요
사과 밥 앞에 놓고
아버지와 함께 익어가고 싶어요

오늘도 상처 난 사과를 사와요
아버지가 우리의 저녁밥이었듯이
상처 난 사과도 밥이 될 수 있어요.

# 스무 살 봄을 불러들여

- 조태일 시문학 기념관에서

당신이
이승에서 진달래 꺾어
저승의 어머니 만났듯

이승에서 쑥국 끓여
영락공원에 계신
아버지 만나고 싶네

당신이
그 섬세한 붓끝으로
라일락 향기 불러모아
마당에
봄을 그려놓았듯

아버지가
즐겨 켜시던 아코디언으로
스무 살 봄을 불러들여

어머니와 함께 노래하는 연주회
오빠와 동생들 손잡고 가고 싶네.

# 기대어 사는 일은

기대어 사는 일은
나의 터에
너의 발을 한 발짝 허락하는 일이다

잎마름병 앓는 소나무를 위해
맥문동이 뿌리를 내어주는 것처럼
한쪽 어깨를 슬쩍 내어주는 일이다

예고 없는 풍랑에 영혼이 흔들려도
솔바람 소리에 기대어 살아가는 맥문동처럼
너의 울음을 보랏빛 목도리로 감싸주는 일이다

장항, 솔향기 그득한 숲길을 걷다가 만난
낯선 동네의 이름 같은 꽃
맥문동 맥문동 마음 기대어 부르다 보면
허리 굽힌 이에게만 보이는 꽃술들의 샛노란 희망이
서로에게 전해지지 않겠는가

오래 자리 지킨 소나무들 서로 기대어 사는 일은
함께 비워가는 것이라며 등 다독이지 않겠는가

기대어 사는 것이 소나무와 맥문동뿐이랴
소나무와 맥문동이 같은 자리에서
뿌리를 맞대고 살아가는 것처럼

울음으로 달려오는 이들을 대신하여
언제든지 넉넉한 품으로
칭얼거려 주는 서천바다가 있지 않은가.

# 제3부

# 한수제 배롱나무 앞에서

# 겨울 들판은 나체로 눕는다

알몸으로 드러누워 있다

시작도 끝도 알몸인 너를 바람이 쓸고 간다

보듬고 흔들리며 고꾸라진 기억들

노심초사로 보낸 시간이 옷을 벗는다

고개를 숙이던 벼들도 황금 옷을 벗고 눕는다

이슬비 받아 안고 어깨 다독이며

부쩍부쩍 키우던 들판이 휑하다

심장 타들어 갈 것 같던 불덩이도 안아보았건만

잎과 줄기, 낟알이 노랗게 여물 때까지 기다렸건만

이제는 옷 한 벌 없이 외로움을 달래는 들판

저 겨울 들판처럼 나체로 눕고 싶다

빈 몸으로 새로 시작하고 싶다

아직 가을을 떠나지 않은 국화 향기가 홑겹으로 날아온다

그렁그렁한 마음 어루만진다.

## 약령시장을 서성이는 처방전

되찾은 들에
봄이 왔는지를 자문하라는 진 골목에
잠시 불려나온 봄은 서로가 불만인 채
함께 몇 발자국 가지 못해 눈을 흘기며
관계를 학살하는 소식으로
이 땅에 관동대지진을 불러온다

고택 마당과 진 골목 여기저기서
사진 속 배경이 된 당신은

3 · 1만세운동길 걷고 와서도
밥 대신
손가락질로 배를 채우느냐며
유유상종만이 길이 아니라고
잃어버린 자신을 직면하라는
거울 처방전을 내리지만

당신을 오진이라 진단한
우리의 봄은 서로에게
포장마차 어묵꼬치의

따끈한 국물 한 사발도 되지 못해
오늘도 약령시장 앞을 서성이고

계산 성당의 수척해진 종소리는
진 골목*의 가을을 아프게 한다.

*진 골목: 대구의 근대문화와 역사를 따라 걸으면서 투어하는 진 골목(긴 골목) '빼앗긴 들에도 봄은 오는가' 이상화 고택이 있음

# 풍경

공원이 다이어트를 시작하자
나무들이 옷을 벗습니다
드러난 부끄러운 속살 위로
햇볕이 찾아와 안부를 묻습니다
겨울밤을 위한 방한복입니다

햇볕을 쓰고 햇볕을 입고 햇볕을 밟고 햇볕을 깔고
앉습니다
얘기하고 노래합니다
나누어주고 조금씩 주머니에 넣어 줍니다
거기 성탄절이 내려옵니다
포인세티아 서둘러 꼬마등 켜기 시작합니다
담벼락에 기대선 뻥튀기는 간간이 축포를 날려줍니다

아픈 여동생에게
"더 나빠지지 않았지?"를 몇 번째 묻습니다
"가보지도 못 해 미안해"를
동백나무도 미안해하며 함께 따라합니다
햇볕이 잠시 그늘을 드리워줍니다
바람이 언니의 마음을 배달하러 길 떠납니다

농구코트엔 아이들의 함성이 로켓처럼 날아
어긋나고 버리고 싶은 시간들을 날려버립니다
꼬마들은 붕어 없는 붕어빵이 구워지기를 기다립니다

겨울 한낮의 햇볕이 임계점을 지워버립니다.

# 달맞이꽃

괜찮아
틀린 게 아니고 다를 뿐이야
네가 못나서가 아니야
길가 물가 빈터에서도 살아갈 수 있다는
자신을 알기 때문이지

낮에 피는 꽃들 부러워하지 않고
침묵하며 노오란 촛불로 피어
섬처럼 움직일 수 없는 이들의
밀물이 되는구나

전기요금을 내며 승강기를 타야하는
고단한 배달원을 다독이며
음식 냄새 때문에 엘리베이터가 거부한 배달원에게
조향사가 되어 너의 향기를 배달하는구나

천식으로 잠들지 못한 할머니의
가랑가랑한 숨소리가 새벽까지 이어질 때
그윽한 바라봄만으로도 진통제가 되는구나

어미도 없는 놈이 사르비아 꽃잎을 땄다며
친구들 앞에서 빰을 맞던 초등학교 시절 친구처럼
아토피처럼 생을 긁고 살아야 하는
끝물 같은 이들의 슬픈 향기 어루만지며
생의 빈터에 꿈을 키우는구나.

# 애기단풍

애기단풍 네 글자 중
'애기'에 방점을 찍으면
까치 이름 물을 때처럼 자꾸자꾸 질문하는 것
까꿍놀이 할 때처럼 입 꼬리 올리며 눈맞춤 하는 것
김치 하며 사진 찍을 때처럼 마냥 웃어주는 것
걸음마 배울 때처럼 잘 한다 잘 한다 박수 쳐주는 것
가누지 못한 고개 받쳐줄 때처럼 뒤를 보살피는 것
과거와 미래 사이에서 오늘을 두리번거리는
상처받은 내면아이의 손을 꼬옥 잡아주는 것

애기단풍 네 글자 중
'단풍'에 방점을 찍으면
백암산에 올 때처럼 득달같이 달려가서
색깔 구분 없이 손잡아 주는 것
저녁까지 하산하지 못한 웅크린 영혼들
포근한 이불처럼 사연 잎잎이 들어주는 것
새벽조차 흔들리는 이들과
어깨동무하며 계곡에 함께 몸 담그는 것
단풍바라기 하는 이들의 칭찬을
한 잎 한 잎 기쁘게 내려놓고

겨울 채비를 하는 것

먼 초록을 다시 꿈꾸는 것.

# 강아지로 오셨을까

공원 화장실 입구에서 마주친 강아지 엄마
“할머니 나오시면 들어가자~”

선글라스와 마스크로 얼굴을 가렸는데
내 어디에 할머니가 묻어 있었을까
흰 머리카락과 등 굽은 모습을 들켰을까

처음 만난 강아지 엄마와 손주

할머니라는 말 처음 들은 뒤에
그 가게에 다시는 가지 않았다던 엄마처럼
강아지 엄마 마주치고 싶지 않았다

막내딸 보고 싶은 할머니가 할미꽃으로 피어났듯이
내 안에 키우지 못한 엄마와 할머니를 쭉쭉 키워내라며
손녀딸 보고 싶은 외할머니가 강아지로 오셨을까

방직공장 다닐 때 꽁보리밥 남겨
가슴에 눌러 감추고 나왔다던 외할머니
동냥아치가 오면 먹던 밥상에 함께 앉히고

"사람은 다 같은디"
하동댁의 사투리는
자식들 눈치를 보지 않았다지
오늘 그 외할머니가 강아지로 오셨을까

나를 흔드는 낱말
'할머니'를 품으라며
할미꽃 전설처럼 강아지로 오셨을까.

# 하얗고 가벼운 옷 한 벌 입혀

국밥집의
원산지 표시판*
한우소머리 국내산 김치 국내산
해장국배추 국내산 깍두기 국내산
주방장 국내산 주인아주머니 국내산
알바새댁 국내산 홀 서빙 국내산

주인장은 날마다
소머리국밥에도 해장국에도
마늘처럼 듬뿍 미소를 섞는다
아버지 닮은 작업복들에게
올리고당처럼 달콤하게 웃어보지만
밥 먹는 일이 날마다 눈물을 쟁이는 것 같아
오늘따라 살얼음 낀 강처럼 아버지의 안부가 불안하다

요양병원의 닫혀진 뜨락처럼 쓸쓸해진 밤
코로나에 갇힌 아버지를 열고 싶다

덩그러니 혼자 국밥 한 그릇 마주하고
죄인처럼 후줄근한 작업복으로 살아오신 아버지

초록의 시간들 하나씩 지워가며
작업복 대신 환자복을 입고 서성이실 아버지에게

세상에서 가장 하얗고 가벼운 옷 한 벌 입혀
국내산 초상화 한 장 남기고 싶다.

*〈한 컷 세상〉 힘들지만 웃자! 서울신문. 2021.7.28. 도준석 기자

## 스쿨존

미얀마의 한 초등학교 점심시간
한 줄의 두꺼운 노끈 끝을 잡고
고학년 학생 둘이서
학교 앞 도로를 막아선다

말없는 노끈 신호등이 빨강 불을 켠다
오토바이도 자동차도 릭샤도 멈춰 선다
급식도 도시락도 없는 아이들이
각자의 집을 향해 돌아간다
아이들이 학교를 모두 빠져 나갈 때까지
무언의 신호등은 파란불이다

노끈은 등하교 시간에도
설치예술을 펼쳐 보인다
운동장의 작은 유리조각도 손수 주웠던
페스탈로치가 살아 움직인다
표시도 없는 스쿨존은 사랑의 성역이 된다
노끈 신호등 앞에서
오토바이도 자동차도 릭샤도
행복한 기다림을 한다

아이들 사랑의 천국이다

세상의 모든 스쿨존엔
아이 닮은 제비꽃 꽃잔디 채송화
지천이면 좋겠다

파랑불을 켠 말없는 노끈 신호등과 함께.

# 돌림 노래

유가족이 되는 게 소원이라는 사람의 바다엔
갈매기가 날지 않는다
딸의 운동화는 현관에 비석처럼 말이 없다

먼저 유가족이 돼서 미안하다는 유가족이 있다
사탕을 참을 줄 알아야 한다며
함께 기도했던 순하디 순한 아들이
바다를 훔친 범인처럼 매달려 있다
엄마는 아직도 무엇을 기도해야 할 줄 모른다

사람이 점점 무서워진다는 또 다른 유가족이 있다
고개를 들지 못하고 노란 모자를 깊숙이 눌러쓴 채
병풍도屛風島의 눈보라처럼 차가운 눈총을 견디며
딸아이 보고 싶은 아빠가 늦은 밤길을 걷는다

이유도 알 수 없이 봄날을 빼앗긴 채
가장 슬픈 수학여행을 하는 중에
이름도 생소한 화이트마린호에 견인되어
만신창이 몸으로 인천항 대신 목포 신항에 정박했다

얼마나 더 엎드려 빌고 견뎌야 그 바다에
거룻배 한 척이라도 띄울 수 있을까
수장되었던 파동은 언제쯤 수평선 위로 떠오를까
다시 푸른 호수를 펴 올릴 수 있을까

유가족이 되는 게 소원인 사람과
먼저 유가족이 되어 미안한 사람과
사람이 무서워진다는 또 다른 유가족의
돌림노래는 오늘도
끝나지 않고 맴돌고 있다.

# 체중계

평생 발에 밟혀야만 하지

허리 숙여 눈 맞춤 하다가도
숫자가 커질 때 발로 차버리면
그대가 들려주는 들꽃의 노래로도
위로가 되지 않았다네

눈금 하나에 일희일비하는
그대에게 미안해질 때
차라리 유월의 땡볕에서
감자를 저울질하는 친구들이 부러웠다네

한 치의 과장과 과소도 없이
있는 그대로를 말해야만 하는 숙명이
그대를 쓸쓸하게도 아프게도 할 때
안방 장롱 앞에서 벗어나
젖은 눈빛 달래줄 소주병이라도 되고 싶었다네

지남력 장애가 오는 걸까
눈금 두 개를 읽을 수가 없다네

비 오는 저녁 데려온 디지털 소년에게
자리를 내주어야 할지 불면으로 뒤척일 때

그대의 귓속말 한 마디
모든 생명체는 예비 장애인이야.

# 나이아가라 폭포

그대들의 외침 끌어안느라
천둥소리를 낼 수밖에 없어요
마음껏 외치세요
누구든지 걱정 말고 외치세요

제 얼굴에 엉덩이와 등을 내보이고선
동서남북 상하좌우로 움직이며
모두가 주연배우가 되는 그대들을 위해
언제든지 맞춤형 배경을 준비하고 있어요

빛나지 않는다고 실망하지 마세요
저처럼 평생 배경으로 살아가도
그대들인 전경이 빛날 수 있잖아요

면사포 폭포에서 물보라 세례 받으며
첫사랑은 두근두근 초심을 간직하세요
묵은 사랑은 잃어버린 초심을 되찾으세요

세계 3대 폭포 이런 말에 귀 열지 마세요
폭포라는 이름 때문에 저녁에도

잠들지 못한다는 편견을 버려주세요
자정이 되면 인공 무지개빛 내려놓고
북두칠성과 조용히 눈 맞추고 싶어요

원래부터 하나인데 편 가르기 하지 마세요
다름을 거부할 때 침묵이 자라나고
본질적인 것이 보이지 않듯이
동서로 남북으로 국경을 만들고선
캐나다 쪽이 더 아름답다
미국 쪽이 더 웅장하다
누군가 한번 뱉은 말로 법을 만들지 마세요

나이아 가라 '아'를 '야'로 바꿔
스무 번쯤 변화구처럼 외쳐보세요
스무 살쯤 젊어졌다면
오늘 폭포가 준 선물을
만루 홈런처럼 날려보세요.

# 동백꽃 두 송이 기도인 줄 아시나요

11월 비바람에 나뒹구는 천년숲길에서
도선국사 기도하신다지요

황금빛 큰 몸으로 태어나신
백운산 운암사 약사불님

동백꽃 떨어지는 소리에도 놀라
잠 못 이루는 중생들의 근심
쓸어 담으신다지요

봄비에 돋는 새순처럼 연하디 연한
말 못하는 중생의 여린 가슴
안아 주신다지요

관음전 앞에 있는 듯 없는 듯
숨죽인 꽃잔디 같은 중생들
행여 밟힐까봐 막아주신다지요

당신 만나러 오가는
비탈길가에 세워진 나무 울타리

그 위에 피어난 동백꽃 두 송이
당신께 합장하여 기도드리고 있네요

그 기도 들은 당신은
봄빛 같은 염화미소 지으신다지요.

# 짱뚱어가 춤을 춘다

이른 아침
어쩌다 마주친 그대처럼 추어탕집을 지나간다

사십 년 전
누군가 부엌에 몰래 놓고 간
짱뚱어가 춤을 추고 다가온다

살림이라곤 해본 적 없는
섬마을 선생 시절
난생 처음 짱뚱어 탕을 끓였다

그날 학교에선 배구 경기가 있었다
이 년 동안 한 번도 이겨보지 못한
고등학교 배구팀을 이겼다
짱뚱어 탕 덕분이라고들 하였다

짱뚱어를 슬쩍 놓아두고 간 아이는
쉰이 훌쩍 넘어버린 지금 어디에서
사랑을 몰래 남겨두며 다닐까

사랑은 작아도
아침 풀잎을 적시는 이슬처럼 맑아
모이고 모이면
강물이 되어가고

섬마을 바다에서 사랑이 된 짱뚱어가
팔딱이며 노래한다

줄 수 없을 만큼 가난한 사람은 없다며.

# 한수제 배롱나무 앞에서

아이들 운동회날처럼 떠들썩하던
한수제 벚꽃의 함성은
바람개비처럼 온 데 간 데 없고

오월 그날처럼
금성산 철쭉들이
붉게 울먹인 지 사십 년이 넘었다

한참 동안 저수지를 돌다가
버팀목에 의지한 채
땡볕에 알몸으로 서있는
배롱나무를 만났다

살아있는 거냐고
언제쯤 옷을 입는 거냐고
부끄럽지 않느냐고
망설이며 묻는다

살아있음이 부끄러움이라고
내려놓는 것은 부끄러움이 아니라고

사십이 년에 비하면 백 일은 아무 것도 아니라고
오월 그날을 붉은 노래로 걸어놓고 싶은 거라고

백아산과 백운산 철쭉들은 사월부터
붉은 카펫 깔아 놓고 오월을 상영하기 위해
해마다 예행연습까지 하는데

그날 이후엔
석류꽃도 봉숭아도 심을 수 없어
이팝꽃만 이팝꽃만 심고 또 심었던
오월의 그 가슴들을 석 달 열흘쯤은
백일홍으로 씻어주고 싶은 거라고
아직 무덤에도 묻히지 못한 넋들
하나하나 손잡아주고 싶은 거라고.

# 다만 내가 아니었을 뿐

쓰고 지우고 쓰고 지우고
쓰다가 결국 다시 지우네

삶의 풍경화 한 자락에
저녁 풍경소리 같은
그림 한 줄쯤 그려 넣고 싶은 그대들이
몸과 몸이 만나 부대끼며
난생 처음 이태원이라는 강에 닿았는데

힘들고 지칠 때마다
별처럼 간간이 추억하고 싶었을 풍경 소리는
2022년 시월의 끝자락 밤에
악몽으로 저물었네

남쪽 바다 이후 고등학생들만 만나면 미안하더니
이제는 청년들을 보면 고개를 들 수가 없다네

모두들 아는 분들 같은데
다만 내가 아니었을 뿐
그 자리에

다만 내가 아니었을 뿐

사랑을 말하는 입은 신조차 막을 수 없다는데*
사랑이라는 대전제를 잊은 돌처럼 굳어버린 마음에
슬픔은 무게를 견디지 못해 눈물바다에 넘쳐나네

신은 지금 어디에 있는가.

*신용목의 시

# 은행잎의 마음

길바닥에 접혀진 청춘들의
공포와 신음소리를
위로하고 싶어서다

슬픔마저 압사당한 이들을
잎잎이 손잡아주고 싶어서다
잎잎이 이름을 불러주고 싶어서다

사죄조차 받지 못한 주검 앞에
위패도 영정사진도 없이
근조가 쓰여진 리본도 달 수 없는 분향소 대신
노오란 추모의 집 마련하고 싶어서다

좁은 길 비추는 몇 사람만 있었어도
달라졌을 이 고통 앞에
사람이 모이는 곳에
노오란 등불 켜고 싶어서다

한 잎 한 잎 떨어져 내릴 때마다
너희들의 잘못이 아니라고 외치고 싶어서다

떨어져 짓밟힐 때마다 아빠의 고통을 함께 하고 싶어서다
비오는 날엔 엄마의 울음을 대신하고 싶어서다

차디찬 거리에서
이렇게 노오랗게 물들어 가는 것은.

# 무안 사거리 반점*에서

김경만을 조금 맛보았다
풍금이 있는 교실 난로의
고구마처럼 구수한 눈빛이다
만두 속처럼 넉넉한 마음 맛은 대상감이다

낙지짬뽕은 한 그릇이 두 그릇이다
둘씩 짝지어 먹어야 한다
아프지 않은 혼밥은 없다는
낙지 짬봉의 철학을 먹는다
서로 손 잡고 먹으며 가을처럼 익어간다

현경면 앞바다
갯벌과 낙지의 동거처럼
두 사람의 별난 동거가
시와 반점의 습지를 동시에 일군다
바람도 응원하며 휘파람을 불어댄다

옆집에서 따온 단감은
등대지기가 가르쳐준 노래를 들려주고
화장실 입구에 거칠게 써 놓은

김경만의 자작시는
사철 시린 시심을 빙그레 철들게 한다

김을현도 먹고 싶었다
그는 지금 배달 중이다.

*시인 김을현과 주방장 김경만의 이야기가 "시인과 주방장"이라는 제목으로 티브이 프로인 인간극장 5부작에 방영되었다.

# 오랜 눈부심

그녀에게 남편은 문화유산이다

여보 우리 내릴 곳 얼마 안 남았으니
미리 가방 메세요 하는 소리가
북적대는 버스 안에 고요를 가로지른다
만원 버스 뒤에서 보이진 않지만
남편은 앉아 있고 아내는
서 있다는 것만 짐작될 뿐이다

프랑스의 영혼이라는
노틀담대성당이 불타던 날
어둑해진 퇴근 무렵
부대끼는 만원 버스 속에서
하차할 일이 다소 걱정인데
여보 곧 내릴 테니 준비하세요
다시 커다랗게 안내 방송하듯
버스에 두 번째 정적을 가로지른다

술 먹은 남편 닦달하며
창피한 줄 모르고 큰소리로 외치는

오지랖 넓은 저 아줌마
교양이라곤 바닥난 어휴 쯧쯧
약간의 어리둥절과 무관심으로
내 알량한 판단이 잘난 체 하고 있을 때

기사님 저희가 앞문으로 내려도 될까요
큰소리로 양해를 구한 그녀는 버스에서 내려
자석처럼 남편과 뒤뚱뒤뚱 한 몸이 된다

내딛는 걸음마다 절벽이었을
뒤통수에 꽂힌 시선마다 송곳이었을
후미진 고갯길처럼 쓸쓸했을
시각과 지체 중복장애 남편은
지상에서 가장 따뜻한 피난처에
기대어 힘껏 손을 잡는다

부부의 뒷모습을 응시하는
석양이 돌아가지 못하고
붉은 눈물을 흘릴 때

너그러움이라곤 찾아볼 수 없는
내 휘어진 관성이 부끄러워
봄밤의 귀로가 쌀쌀해진다.

# 제4부

# 볼레로와 골덴 바지

## 볼레로와 골덴 바지

낫달맞이꽃 닮은 볼레로야 내 수업 내용보다 앙증맞은 네가 더 칭찬을 받았지 너는 나의 분신이었고 자랑이었어 출근 할 일 없어 눈길 주지 않은 채, 적십자회비 고지서처럼 밀쳐놓은 장롱 속의 외로움을 이제 그치려 한다 자꾸 작아졌다고 탓하며 불어난 내 몸매를 너에게 돌리기도 하였지 바람과 햇볕에 수다를 섞어 함께 외출할 새 주인과의 스킨십으로 나보다 행복해져도 시샘하지 않을게

검정색이 재색이 되도록 겨울강을 함께 건넜던 골덴 바지야 추위에 떨고 있는 누구에게라도 달려가거라. 노트르담대성당의 장미창 앞까지의 여정을 기억해주면 좋을 텐데. 소록도성당 봉사 뒤에 환우들이 쪄 온 감자를 불안하여 먹지 못했던 내 얘기에, 다음에 함께 가주기로 약속도 했지. 베드로 할아버지가 문드러진 손으로 보내온 편지를 읽으면서, 밀레의 만종처럼 기도하는 그의 모습을 무척이나 보고 싶다고 하였는데

어쩌면 가래 끓는 노인처럼 환영받지 못할 수도 있겠지만, 우리의 사랑이 진실이었으므로 이별도 사랑이었음을 노래할 수 있겠지

파아란 헌옷 수거함 속으로 너희들을 떠나 보내며.

# "예" 입속말로 녹아드는 그녀

그녀의 인생은 짜다
그러나 그녀의 마음은 하얗다
그녀의 친구는 바람과 햇볕뿐이다
동백꽃이 보고 싶어지는 날이면
그녀의 눈물의 염도는 갑자기 높아진다
갈매기의 입에 묻은 희망과
날개에서 빛나는 햇살이
크로커스*로 피어나면
눈물은 하얀 보석이 된다

그녀는 물과의 열애를 꿈꾼다
그녀가 다녀간 흔적은 물에 남아있다
그녀의 영혼은 물과 하나가 되어 남아있다

엄마가 웃음으로 너를 만나러 오던 때처럼, 간고등어를 짊어진 행상이 십이령 길을 넘어 소천 장에 닿던 때처럼, 그녀를 만난 배추와 무가 눈 쌓인 골목들 속에 따뜻한 등불을 밝혀주던 저녁처럼, 멸치와 꼴뚜기가 바다를 잊지 못하던 마음처럼

말없이 지내다가 부르면 어디든 달려가
“예” 입속말 하며 녹아드는

소금.

*로마 황제 시절의 한 사제는 두 남녀의 결혼을 허락해주고 몰래 주례를 섰다가 사형을 받게 되었다. 형장으로 향하던 사제가 지상에서 마지막으로 보낸 편지 한 통이 어느 눈먼 소녀에게 전해졌는데, 편지를 여는 순간 크로커스 꽃이 피어났고 소녀의 눈이 뜨였다는 전설이 있다.

대답은 낙엽이 되어
그 집에 도달하지 못한다

집이 기울고 있다
똑같은 물음이 반복되며 빨라진다
물음만이 초가의 서까래를 지탱하고
물음이 다시 서까래를 무너뜨린다

처마의 윗니 두 개가 없어진 집이다
물컵에게 행방을 물어도 알지 못한다
혹한에도 끄떡없던
아랫니 떠난 지 반 년이 지났다

물음마저 버리지 않으면 들어갈 수 없는
맨몸으로만 입국이 가능한 그곳
누구도 예외가 없는 심사대 앞에서
퇴적의 시간들 내려놓는 일엔
관용이 없다 동의도 필요 없다

사계가 물음만으로 뒤섞인 집은
첫눈이더니 어느새 한여름 소나기다

새봄으로 새소리들 파릇파릇하더니
까치밥도 없는 앙상한 나무들만 떨고 있다

기울어져가는 집을
버티고 있는 한 마디
“나는 다 먹었다. 너 먹어라”
생선 한 토막 살코기 몇 점 남은 밥상에서
미리 써놓은 유언장처럼
메아리 되어 물음 위를 맴돌고 있다.

# 그대를 한 줄도 읽지 못했네

초사흗날이면
고흐의 해바라기처럼 마른 명태
천장에 걸어놓고 삶을 빌던
그대를 한 줄도 읽지 못했네

새벽을 열고 뜯어온 취나물 신문지에 싸서
야채박스에 가득가득 채워주던 박매마을 촌년
풋고추 세 개면 하루 비타민 해결된다고
정혜진표 된장국으로 구수하게 깔깔거리던
그대를 한 줄도 읽지 못했네

그해 여름 계룡산에서 만났을 때
깊게 눌러쓴 도라지꽃빛 모자만 읽고 말았네
가슴에서 꺼내지 못한 말들이 갈피없이 흔들리고
아픈 몸뚱이 점점 강하게 옥죄는 소리에도
그대를 한 줄도 읽지 못했네

시집 안 간 큰 애기도 어린이라고
예순이 다 되도록 빠지지 않고
어린이날을 챙겨주던

그대를 한 줄도 읽지 못했네

받는 것에만 익숙해진 내가
열 살의 그대에게 어린이날 선물 준비했다네
떠난 후 처음 초대에 늦지 않게 와주게나
밀쳐두었던 시집처럼 그대를 꺼내어
초록색연필로 밑줄 꾹꾹 그으며
하루쯤이라도 그대를 맞고 싶었네

자운영 닮은 양순효 꽃 그대여
나는 그대를 한 줄도 읽지 못했네.

# 아버지의 식사

하루 세 끼 거른 적이 없다
일찍 하직하여 밥을 적게 드셨기 때문일까
두 배를 사신 어머니의 미안함 때문일까
꽃 지기도 전에 떠난 젊은 이팝나무의 미움 때문일까

육남매 떠넘긴 채 보릿고개조차 넘지 못한 슬픔이
밥이 되고 밑반찬이 되어
밥상에 오른다

비워버리지 못한 기억을 자꾸만 먹인다 아니
어쩌면 어머니가 추억을 먹는 역설인지도 몰라

어머니가 앉은 식탁 아래 섬이 하나씩 태어난다
오늘은 고창 청 보리 같은 채소가 듬성듬성
어제는 무안 황토갯벌 같은 국물이 끈적끈적

내일은 하얀 쌀밥과 고추장에 콩나물 취나물
청산도 유채꽃밭 같은 비빔밥 섬이
피어날지도 몰라

오십 년을 삭혀도 발효되지 않는
맵고 짜고 시고 떫고 먹먹한 욕설까지
동영상으로 재생시켜 영락공원으로 보내는
아버지의 식사
오늘도 잘 받아 드시는지 몰라.

# 그믐달을 켜다

불 꺼라

아흔 넘은 그녀가 입에 달고 사는 말입니다
평생 가장 많이 사용한 말이기도 하지요
시계추처럼 쉼이 없습니다
저녁이면 불 꺼진 거실 텔레비전 앞에
그믐달로 앉은 그녀는
재촉하는 이 없어도
직각의 허리로 직접 소등하러 나섭니다

마흔부터 불이 꺼진 그녀에겐 육남매가 남겨졌었지요
등굣길 세 번씩이나 돌아와
손 내미는 둘째딸에게 줄 수 없었던 공책값
왜 작고 못난 사과만 사오느냐고 묻는 셋째아들에게
그녀는 아무 말도 없이
'살레시오 정문 앞 모 어떤 년'이라 적힌 외상 장부를 들고
종종걸음으로 나섰었지요

불 꺼라
스스로에게 말하는 걸까요

리허설처럼 꿈속에서도 쉬지 않습니다
아끼고 아껴 작은 불빛 하나를 싹 틔워
일교차에 휘청이는
환절기 같은 셋째아들을 밝혀주고 싶었을까요

불 꺼진 방에서
등 굽은 그녀가 잠들어 있습니다
이불을 가만 덮다가
눈물이 켜지고 맙니다.

## 엄마는 아장아장

엄마를 걸음마 연습시키는 아들
꽃사과나무가 빨간 열매를 달고 지켜본다

코비드19로 전국민 잠시 멈춤도 아랑곳 않고
엄마 아장아장 걸으신다

굴착기처럼 생을 파내느라 닳아버린
속도가 방전된 질질 끄는 걸음걸이
배터리로도 충전할 수 없다

평생 어머니를 구독했지만
숙독도 완독도 하지 못했던
아들도 저절로 아장아장이다

한때는 자랑이었을 탄성 내려놓고
벤치에 앉아 그 광경을 바라보는 노인들
발설하지 못하는 동병상련을
눈빛으로 보내온다

날은 어두워지고
눈발은 흩날리고
내일은 대설경보가 발효될 예정이란다

자, 다시 아장아장…….

# 압력밥솥

안으로만 뜨거움을 간직한 그녀

마흔에
육남매 유산으로 남긴 남편 덕에
가스불보다 더 위험한
생계를 헤쳐 온 엄마처럼
치익치익 힘차게 꼭지를 돌리는 소리
허기진 거실까지 밥 냄새를 실어 나른다

한 번의 실수도 없이 재주를 부린
그녀는 엄마와 닮은꼴이다
첫 시험 때의 가마솥 밥 같던 밥맛
친구들이 가장 먼저 집어 들었던
점심 도시락의 엄마 김치처럼

계절이 십여 년 옷을 바꿔입는 동안에도
든든하게 미동도 없이
찰진 밥 예술을 펼치더니
밥 끓을 시간 되지도 않았는데
기체 압력 상승력을 잃었을까

푸시시푸시시 힘없이 돌아간다

아흔을 넘긴 엄마처럼
오래달리기 이제 쉬어야 할까
허리 90도로 꺾인 잿빛이다

허기를 달래주던 꽃 같은 노동 내려놓고
푸른 대지의 시간들 하나씩 지워가며
그녀 빈 바람처럼 차갑게 흐느낀다.

# 그 배는 안동역에서

수술 자국 일몰처럼 어두워지고
마흔부터 구부러지기 시작한 허리

온몸 엎드린 채
하늘을 향해 숨죽이며 토해내느라
흙을 발로 찼다가 어루만졌다가 입맞춤하였다가
몇 번쯤 절벽 앞에
서 보지 않았겠는가

겨울 바지를
인견 바지로 바꿔 입는
저 휘어진 다리 속에서도
뿌리들 깊어지고 커져서
가지와 줄기 뻗쳐나가고 꽃도 피웠나니
울울창창한 여름도 있지 않았겠는가

날마다 아침 밥상에서
쓰미마생 아리가또고자이마스를 외치는
아흔의 배

새로운 항해를 위해 출항한 배는
'안동역에서'를 따라 부른다네

그 배는 이제 안동역에서 허리를 편다네.

# 더도 말고 덜도 말고

굽은 허리 끌고 거실에서
안방으로 개그를 배달하신다

택시비 육천 원인디
기사님이랑 같이 탔응께
삼천 원만 주면서
둘이서 나눴다는데
너무 재밌다야

자정이 가까운 시각
엄마 기억력이 대낮처럼 쨍쨍
오늘밤만 같아라

설날 다음날 갈비찜 드시면서
색깔은 저리 가라인데 맛은 어서 오십쇼네
파와 참깨 듬뿍 든 계란찜 드시며
꽃피는 봄이 왔네
미나리 무침 드시며 누구 눈에 정들라고
참깨를 뿌려놨소

시어머니가 둘째며느리만 예뻐했노라 반복하시는
엄마한테 몇째와 살고 싶소 물었더니
선생님의 질문이 어째 까다롭고 고약허요
우문에 현답이네

구 년째 팔십 오세라고 자신 있게 외치며
혼자 사는 딸을 위해서
아흔까지는 살아야 쓰것는디
사랑의 세레나데는 끊이지 않네.

## 출항

신부 대기실에
하얀 섬 하나 덩그러니 떠 있네

연륙교가 되어주고픈 이들이 모여왔네
불 꺼진 하얀 섬에 등불 같은 벽화를 그린다네
다정큼 나무와 동백나무를 심는 이들도 있다네

딸과 엄마가 손잡고 서로
사랑해요 라고 표현해보세요
사진사의 말에 고모의 손을 잡은 채
엄마엄마엄마엄마 하며 부들부들 흔들리는 하얀 섬
지켜보는 이 함께 휘청였다네

놀이터의 어린 시절
모처럼 일찍 퇴근한 엄마가 나타나자
“나도 우리 엄마 있다아~~!” 소리치며
부끄럽게 엄마 치마 붙잡고 늘어지던 꼬마

숙녀가 된 그 꼬마
하얀 섬으로 만들어 놓고

하룻밤 사이 떠나버린 엄마
팔 개월째 서로 갈매기가 되어
꿈속에서만 만남과 헤어짐을 반복한다네

그 하얀 섬에
해적선을 물리친 바람과
바람보다 위험한 안개를 뚫고
따뜻한 수채화 같은 등대지기가 승선했네
울어도 괜찮다며 신열을 어루만져 줄
굳세지 않아도 된다며 흔들림을 다독여줄

오늘은
하얀 섬과 등대지기가
물고기와 함께 써 내려갈 바다 이야기가
드디어 출항을 하는 날이라네.

# 슬픔을 견디는 두 가지 방법

황 정 산
(시인 · 문학평론가)

## 1. 들어가며

슬픔은 인간에게 아주 근원적인 감정이다. 채울 수 없는 욕망의 빈자리에 의해 생기는 것이 바로 슬픔이라는 감정이다. 인간의 욕망은 결코 채울 수 없는 결핍에 의해 생기는 것이므로 인간은 이 슬픔에서 벗어날 수 없다. 다만 끝없는 욕망의 충족을 통해 그 결핍을 채울 수 있다는 환상 속에서 그 슬픔을 잠시 잊고 있을 뿐이다. 현대 사회에서 인간의 욕망이 더욱 확대되고 그것을 채우고자 하는 욕망 충족 수단이 상품의 형태로 무한히 확대되는 것은 지금 이 시대가 그만큼 더 슬픔이 많아지고 있다는 것을 말해주는 것이기도 하다.

김귀례의 시들은 이 슬픔을 다루고 있다. 그가 다루는 슬픔은 한 개인의 내면의 슬픔에서부터 가족이나 사회적 관계에서 오는 슬픔까지 다양한 스펙트럼을 보여준다. 그런 점에서 그의 시들에 나타난 슬픔은 복합적이고 중층적이다. 그가 보여준 슬픔에 자세히 다가가 보자.

## 2. 슬픔의 근원

김귀례의 시를 읽으면 슬프다. 이 시집의 거의 모든 시에는 슬픔이 배어 있다. 그렇다고 해서 그의 시들은 시인 내면에서 우러나오는 슬픔을 과장하거나 독자로 하여금 감상적으로 그 슬픔에 빠지게 하지 않는다. 그의 시들은 슬픔의 근원에 가닿아 있다. 그래서 무엇이 우리를 슬프게 하는지 다시 생각하게 만든다. 다음 시는 김귀례 시인의 시들이 어떤 지향을 보여줄지 예감하게 만든다.

비밀의 방에 입실했어
어둠이 깃을 치기 시작하는 시간이었지

우리는 시의 눈동자를 만나고 싶어했지

누구는 꽃만이 세상의 멍을 지울 수 있다며
맨드라미와 씨름하다가 달려오고
누구는 노점상 할머니의 추위가 눈에 밟혀
가슴 한 편에 눈발을 대신 싸들고 나타나고
누구는 스승의 봉분 앞에서
양은도시락 추억을 울먹였지

돌아가서
다른 문을 열었어
불빛은 희미했어
불법주차 차량처럼 일상이 견인된 채
그녀는 밥도 국도 뎁히지 못하고 저녁을 포기했지

누르지 못한 버튼은
누군가와 함께 가야만 하는 두려움이었던 거야

인생을 스스로 뎁히기 힘든
어두운 거실 속 식어버린 그녀를 위해
별들이 잠들 때에야 저녁밥상을 차렸지

그날 그녀의 눈 속에
젖은 시의 눈동자가 있었어.

-「시의 눈동자」 전문

시를 공부하기 위해 어둑해지는 저녁 시간에 사람들이 모여든다. 모두 시의 눈동자, 즉 시안詩眼을 찾고자 한다. 그런데 거기 모인 시인들이 시의 요체인 그 시안을 "세상의 멍"이나 "노점상 할머니", "스승의 봉분" 등 슬픈 것들로부터 찾는다. 우리의 정서 중 가장 근원적인 정서가 바로 슬픔이기에 이 슬픔을 말하지 않고는 시의 눈동자를 들여다볼 수 없었기 때문이리라. 시인은 이 시 모임을 끝내고 들어와 자신이 돌봐야 할 가족-아마도 병든 노모로 보이는-을 위해 늦은 저녁을 준비한다. 그리고 자신을 기다리고 있었을 그 노모의 슬픈 눈 속에서 시를 만난다. 이렇듯 김귀례 시인에게 시는 슬픔을 만나는 일이고 슬픔을 찾아가는 길이다.

시인에게 슬픔은 우선 가족으로부터 기인한다.

집이 기울고 있다
똑같은 물음이 반복되며 빨라진다
물음만이 초가의 서까래를 지탱하고
물음이 다시 서까래를 무너뜨린다

처마의 윗니 두 개가 없어진 집이다
물컵에게 행방을 물어도 알지 못한다
혹한에도 끄떡없던
아랫니 떠난 지 반 년이 지났다

물음마저 버리지 않으면 들어갈 수 없는
맨몸으로만 입국이 가능한 그곳
...(중략)...

기울어져가는 집을
버티고 있는 한 마디
"나는 다 먹었다. 너 먹어라"
생선 한 토막 살코기 몇 점 남은 밥상에서
미리 써놓은 유언장처럼
메아리 되어 물음 위를 맴돌고 있다.

-「대답은 낙엽이 되어 그 집에 도달하지 못한다」 부분

집이 기울고 있다는 말은 낡은 집이 허물어지고 있다는 말만을 의미하는 것은 아니다. 그것은 가족 구성원들이 죽거나 떠나 가족이 해체되고 있다는 말이기도 하다. 시인은 그것을 고향집에 돌아와 느낀다. 그 느낌을 시인은 "처마의 윗니 두 개가 없어진" 모습으로 비유적으로

보여주고 있다. 결국, 그 기울고 있는 집은 "물음마저 버리지 않으면 들어갈 수 없는/맨몸으로만 입국이 가능한 그곳" 즉 죽음으로 귀결된다. 그 낡은 집에서 이제 부모님 중 한 분만 남아 가족 간의 사랑을 마지막으로 확인하려 애쓰고 있다.

그런데 시인은 왜 시의 제목을 "대답은 낙엽이 되어 그 집에 도달하지 못한다"고 길게 달았을까? 물음은 가장 쉬운 관심의 표현이다. 그리고 사람 사이에 물음이 필요하다는 것은 그 사이가 점점 멀어지고 있다는 것을 의미하기도 한다. 노모는 물음을 통해 끝없이 가족 간의 관계를 되돌리고 과거의 안온했던 집을 되살리고자 한다. 하지만 시인은 그런 노모의 물음에 답을 할 수 없다. 낙엽이 되어 나뭇잎이 나무를 떠나듯 이미 이별은 예정되어 있기 때문이다.

김귀례 시인의 또 다른 시들에서 이 슬픔은 가족에서 사회로 확대된다.

> 썰물 같은 사람들만 모여 살까요. 서해 만조 수위 같은 사람들만 고시원에 모여 들까요 조선시대 걸인들의 보금자리였던 청계천이 있는 이곳 종로구에 희망을 걸었던 것일까요
>
> 다닥다닥 붙은 방문 닫아 건 칠흑 같은 사람들 한 줌 재를 택했을까요 행운의 숫자 일곱에 희망을 걸었을까요 일곱이서 함께 손잡고 고통의 강 넘으려 했을까요

조개로 바닷물 퍼내는 듯, 외줄타기로 오지탐험가로 살아온 그들 죽음은 9시 뉴스에 잠시 회자되고 말면 그뿐인가요. 그들 앞에 따뜻한 숙면이 부끄러운 불면의 밤은 하루쯤이면 되는 건가요

...(하략)...

-「우리가 우리에게 회초리를 들면 안 될까요」 부분

시인은 고시원 화재 사건으로 희생된 일곱 사람들을 생각하며 이 시를 썼다. 그것은 슬프고도 안타까운 사건이다. 특히 그들의 죽음은 단순한 사고가 아니라 사회가 만든 재난이기도 하다. 가난 때문에 고시원에 모여들고 결국 그 열악한 환경 때문에 그들이 희생되었기 때문이다. 하지만 "그들 죽음은 9시 뉴스에 잠시 회자되고 말" 뿐 우리의 뇌리에서 금방 사라질 것이다. 시인은 회초리를 드는 심정으로 그 슬픔을 기록한다. 자신의 몸에 고통을 각인하여 그 슬픔을 쉽게 잊지 않기 위해서이다.

다음 시는 좀 더 사실적이다.

그날
신문의 1면에는
또 다른 김용균 1,200명을
위패처럼 나란히 세워놓았다

활자처럼 살아난 이들이 무언의 말을 하고 있다
입사 3일 만에

명복을 누리려고 일한 것이 아니었노라고

“한 달에 이틀 쉬고. 급여는 150만원보다 조금 높아. 6개월에서 1년 정도 부사수 하다가 사수 달면 300만원부터 시작한대”

...(중략)...

베테랑 선원의 몸이
어선원들의 산재 박물관이 되어가는 지금

오늘도
3명이 퇴근하지 못했다

-「매일 김용균이 있었다」 부분

김용균은 2018년 태안화력발전소에서 산재로 사망한 노동자이다. 시인은 그 사건을 알린 그 당시 신문기사의 표제를 그대로 시의 제목으로 삼아 현장감을 강조하고 그 사건의 슬픔을 더욱 생생하게 전달해 주고 있다. 그런데 이 사건의 핵심은 한 사람의 죽음에 있지 않고 매일매일 수많은 노동자가 김용균과 같은 위험과 죽음에 내몰리고 있다는 것에 있다. 이렇게 많은 사람에게 슬픔과 고통을 강요하는 사회가 바람직한 사회인가 시인은 우리에게 통렬하게 묻고 있다. “오늘도 / 3명이 퇴근하지 못했다”는 마지막 구절은 우리의 가슴을 저미게 만든다.

### 3. 슬픔을 기억하기

슬픔에 괴로워하는 사람을 보면 사람들은 빨리 그 슬픈 일을 잊으라고 한다. 하지만 슬픔은 쉽게 잊히지 않고, 또 잊는다고 슬픔이 사라지는 것은 아니다. 마음 깊은 곳에 내재하여 더 큰 트라우마로 작용한다. 그렇게 마음속에 넣어둔 슬픔은 화가 되어 폭력적인 방식으로 우리의 정신을 파괴한다. 반대로 슬픔을 견디는 가장 좋은 방법은 그것을 기억하는 것이다. 기억하여 우리의 의식으로 끌어내 제어할 수 있는 것으로 만들 때 슬픔은 비통함이 되지 않고 삶을 풍요롭게 하는 또 다른 에너지로 변화된다. 다음 시가 그것을 보여준다.

두 달째 사과를 사와요
상처 난 사과만 사와요
이유를 묻는 어머니에게 대답하지 않아요

사과 파는 할머니에게서 아버지를 만나요
상처 난 사과에는 아버지가 살아요
팔지 못한 사과 밥 대신 쌀밥을 달라고 떼를 썼던
어린 시절이 불쑥 가로등처럼 켜져요

...(중략)...

오늘도 상처 난 사과를 사와요
아버지가 우리의 저녁밥이었듯이
상처 난 사과도 밥이 될 수 있어요.

-「상처 난 사과에는 아버지가 살아요」 부분

시인은 상처 난 사과에서 아버지를 떠올린다. 가난 때문에 상처 난 사과로 끼니를 대신했던 어린 날의 기억 때문이다. 그러기에 상처 난 사과에는 가난과 그 가난의 시절을 견디려는 아버지의 노동의 고통이 고스란히 새겨져 있다. 아버지에 대한 슬픈 기억을 시인은 상처 난 사과에 간직하여 잊지 않으려 노력한다. 그 노력으로 돌아가신 아버지는 시인에게 든든한 삶의 뒷배로 아직 살아계시고 있다고 생각된다.

김귀례 시인은 슬픔을 기억하기 위해 꽃의 이미지를 사용하기도 한다. 슬픔을 아름다운 꽃으로 기억하기 위해서이다.

정원에 핀 꽃만이 꽃이 아니다
하루에 서너 번씩 고물상 저울 속에
숫자로 피어나는 꽃

눈발 흩날리는 새벽 골목길로 출근을 한다
어제 저녁 모아둔 폐지 40kg에
이천 원

가슴에 철심 박은 수술을 한 후에도
칼바람 부는 저녁까지 인사하듯 굽은 허리를 숙인다

암으로 누운 아들을 건사하며 아흔을 향해가는

저울 속에 피는 꽃

오지 않는 계절은 없다며
꽃을 피우기 위해
폐지처럼 버려지며 폐지를 줍는다

어둔 골목 가로등 아래
아들에게 봄 햇살 가득 채워주고 싶은
붉게 녹슨
꽃
한 송이.

-「저울 속에 피는 꽃」 전문

폐지를 줍는 노인의 모습을 보는 것은 슬픈 일이다. 아니 그 존재 자체가 슬픔이다. 생활고의 슬픔과 노년의 쓸쓸함으로 견디기 힘든 시간을 노인은 보내고 있을 것이다. 시인은 그것을 "눈발 흩날리는 새벽"과 "칼바람 부는 저녁"이라는 시간적 배경으로 함축하고 있다. 하지만 시인은 그 슬픔을 "저울 속의 피는 꽃"으로 바꾸는 마술을 부리고 있다. 폐지의 무게를 알리는 저울 속의 숫자가 노인에게는 꽃처럼 아름다운 형상으로 나타나고 그 꽃으로 노인은 슬픔을 견디고 있다.

다음 시의 소금꽃도 이와 비슷하다.

오지 않는 사람들은 소금꽃으로 피어난다

하얀 결정으로 부신 사연들이
침몰하거나 수장되거나 부유하다가
이곳
아직도에 도달한다

저녁이 있는 삶이 아니라
저녁만 있는 삶이 모여드는 섬
고통 없는 섬이 존재하지 않듯이
아픔 없는 배는 정박하지 않는 섬
아직도

오십 년이
다시 하얀 기다림으로 부서지고
갈등을 구워야하는 오늘이 닳아가고
박음질 당하는 기다림은 잠을 잊는다

텅 빈 우편함은 먼지바람이 오가고
소금꽃이 된 아들을 기다리는
등 굽은 제주도 할망
밀려오는 파도에 하얗게 부서진다

희망버스는 아직도에 아직 오지 않고
서해 끝
격렬비열도가 울음을 운다.

-「아직도」 전문

"아직도"는 채우지 못한 욕망을 강조해주는 부사어이

다. 그것은 끊임없이 연기되는 욕망 충족을 표현하는 가장 간단한 말이기도 하다. 어쩌면 우리는 모두 이 "아직도"에서 살고 있는지 모른다. 아직도 가야 할 곳에 도달하지 못한 사람들이 사는 곳이 "아직도"이다. 과거의 슬픔을 위로하고 치유하고자 한 "희망버스"마저 아직 도달하지 못한 그곳이 또한 "아직도"이다. 그곳이 우리 역사의 아주 큰 비극을 경험한 제주임을 짐작할 수 있다. 시인은 그 아직도의 이미지를 하얀 소금으로 보여주고 있다. 그 하얀 소금은 슬픔의 결정이다. 슬픔이 꽃으로 피어 바로 그 소금 결정이 된 것이다. 시인은 우리와 우리 사회가 겪은 슬픔을 아름답고 하얀 결정으로 만들어 우리의 기억 속에 영원히 남겨두고자 한다.

### 4. 또 다른 슬픔과의 연대

슬픔을 견디는 또 하나의 방법은 다른 슬픈 존재들과 연대하는 방법이다.

> 구제의류 매장 앞에
> 불 꺼진 노인 앉아 있다
>
> 그를 맴돌던 떠돌이별도
> 은백양나무에 걸린 꽃내음달도
> 이제 빛을 내지 못한다
> 맞은편 은혜교회의 찬송가도
> 종일 쉬지 못한 태양광 가로등도

어둠을 몰아낼 수 없다

...(중략)...

허물어진 연민으로
빛바랜 표지석이 된 노인에게서
아직도 지워지지 않은 구절이 있다
'나는 당신입니다'

오늘도
밤을 켜는 점등인 없는 휘어진 골목이 외롭다

-「정전」 부분

시인은 도심 한 구석에 앉아 있는 노숙자 노인을 보고 있다. 그의 존재 자체가 슬픔을 떠올린다. 그 슬픔을 시인은 "불 꺼진 노인"이라는 감각적 표현으로 보여주고 있다. 그 슬픔을 하늘의 별도, 교회의 은총도, 가로등이라는 국가의 시설로도 지울 수 없다. "나는 당신입니다"라는 구절로서 그 슬픔을 함께 하는 것만이 우리가 그를 위해 할 수 있는 최선이라고 시인은 생각하고 있다.

단 한 번도 묻지 않았지

빗소리만 들리면 가슴이 콩닥콩닥
짝짓기만을 위해 땅 위로 기어 올라온다고
그래서 너희들의 귀향 따위는 터무니없다고 예단했지

포식자 같은 땡볕에 의한 헛된 죽음일 뿐이라고

...(중략)...

흙을 먹고 토하고 헤집어야 하는 슬픈 사랑과
비온 뒤 목숨을 건 오체투지를 손가락질 했지
걱정 없이 체온이 유지되는 땅 속을 버린 채
불볕을 포복하는 너의 절박함을 수박 겉핥기 했지

작은 흙 알갱이들과 손잡고
네가 만든 떼알구조 덕분으로
식탁이 채워지는 것을 잊는 것처럼
열탕과 혹한 속 외국인 노동자들의 비닐집이
태풍으로 무너지는 그 참담한 소식은
여우비처럼 태풍과 함께 바로 소멸되었지
그들이 기른 채소와 쌀이 저녁 밥상을 차렸어

이제는 네가 정독되어야 할 시간이야
밟으면 꿈틀거리는 것들과 함께.

-「오독」 부분

시인은 지렁이를 보고 이 땅의 가장 낮은 것들을 생각한다. 지렁이들이 기어 나와 햇볕에 말라 죽는 고통을 보고도 왜 그들이 그래야 하는지를 한 번도 묻지 않고, 그들의 절박함을 무시해 왔음을 시인은 반성하고 있다. 이런 지렁이를 대하던 평소의 태도는 우리가 외국인 노동자 같은 우리 사회의 가장 낮은 위치의 사람들을 대하는 태도와 다르지 않을 것이다. 시인은 지렁이들의 삶이 토양을 비옥하게 만들어 우리의 삶을 지탱하게 해주고 있음을 생각한다. 외국인 노동자도 마찬가지이다. 그들이 없으면 우리 사회의 번영도 가능하지 않을 것이다. 이런 "밟으면 꿈틀거리는" 약한 존재들이 결코 하찮은 존재가 아님을 시인은 진지하게 생각한다. 그래서 "이제는 네가 정독되어야 할 시간"이라고 시인은 다짐한다. 시인은 이런 약한 것들의 슬픔을 나의 슬픔으로 만들어 그들과 연대한다. 이런 슬픔을 나누는 행위가 슬픔을 만들어 낸 우리 사회를 바꾸어 나가는 의미 있는 실천이라고 시인은 믿고 있다.

다음 시는 이러한 연대를 구체적인 사실로 강조해 보여주고 있다.

> 서툰 한국말로 "불이야 불이야"
> 불길처럼 가스배관을 타고 올라
> 십여 명의 사람을 살려 내었다
>
> 불법체류자로 내쳐진 너는
> 치료도 거부한 채 달아나
> 변두리 공사장을 떠돌며
> 불안 속에 지내야 했다
>
> 엉겅퀴의 가시가
> 스코틀랜드를 구한 적이 있었다

낯선 너의 이름을
엉겅퀴라 불러주고 싶었다

카자흐스탄에서 날아온 붉은 새 한 마리
알리
너의 국적은 사랑이다.

-「엉겅퀴」 전문

이 시에 등장하는 알리는 2020년 강원도 양양군 원룸 화재 사건 때 2층으로 올라가 여러 사람을 구한 카자흐스탄 출신 불법체류자이다. 그는 스코틀랜드를 구한 엉겅퀴처럼 이 땅에 하찮은 존재로 살아왔지만 국적과 출신과 "변두리 공사장을 떠돌며" 지내는 자신의 불안한 처지와 상관없이 불행 앞에 뛰어든 용감한 연대의 정신을 보여준 인물이다. 약하고 고통받고 소외된 이 슬픈 존재들의 연대가 지금 우리 사회를 그나마 사람 사는 곳으로 만들고 있음을 이 시는 우리에게 웅변적으로 말해주고 있다.

## 5. 맺으며

김귀례의 시들을 읽으면 슬프다. 세상이 모두 삶의 상처와 이루지 못할 꿈으로 가득 차 있는 것처럼 보인다. 하지만 그의 시는 이 슬픔을 분노와 증오의 언어로 토로하지 않는다. 또한 슬픔을 애상적 감상으로 과장하지 않는다. 슬픔의 기원을 찬찬히 되짚어 들어가 그 슬픔의 기억을 선명한 이미지로 되살려 준다. 그리고 슬픔을 느끼는 존재들을 생각하고 그것들과 함께 슬퍼한다. 이 슬픔과 슬픔이 모이는 일이 사랑이며 또한 그것은 함께 살아가는 사회를 만들어 가는 의미있는 실천이기도 하다.

사랑은 작아도
아침 풀잎을 적시는 이슬처럼 맑아
모이고 모이면
강물이 되어가고

섬마을 바다에서 사랑이 된 짱뚱어가
팔딱이며 노래한다

줄 수 없을 만큼 가난한 사람은 없다며

-「짱뚱어탕」 부분

뻘밭을 기는 볼품 없는 짱뚱어는 이 땅의 모든 슬픈 존재들의 대명사이기도 하다. 하지만 이 슬픔을 알기에 짱뚱어탕처럼 뜨겁고 푸근한 사랑을 만들어 낼 수 있다. 김귀례의 시가 바로 그 사랑이다.